# Mi hijo
# aprende
# jugando

# Mi hijo
# aprende
# jugando

Marc Giner

# EDICIÓN

### Dirección editorial
Jordi Induráin Pons

### Edición
M. Àngels Casanovas Freixas

### Redacción
Marc Giner Llenas

### Edición gráfica
Eva Zamora Bernuz

### Maquetación
tresmesú, s. l.

### Cubierta
Mònica Campdepadrós

### Fotografías
© Marta Bacardit
Excepto: ©Pepa Simón (pp. 8, 76), ©Jordi Induráin (pp. 27, 57, 101, 107),
©Txell Casanovas (p. 85), ©Àngels Casanovas (pp. 20, 49, 69)

### Fotografía de cubierta
© Marta Bacardit

Agradecimientos a Club Gimnàs Llenas, de Sabadell, y a todos los padres de los niños
y de las niñas que han prestado su imagen para esta publicación.

ISBN: 978-84-8016-694-2
Depósito legal: NA-894-2010
Impresión: Gráficas Estella
Impreso en España – Printed in Spain

# Prólogo

El **juego** constituye uno de los principales medios de desarrollo de los niños. Es, además, una fuente de disfrute y contribuye, en gran medida, al progreso de prácticamente todas las habilidades que desarrollarán durante su primera infancia. El juego, por ejemplo, resulta fundamental para la adquisición de procesos tan importantes como el **lenguaje**, la **sociabilidad** y el **desarrollo psicomotor**.

Para el niño no existe gran diferencia entre aprender y jugar: durante sus primeros años aprenderá mientras juega e interactúa con aquello que le rodea, descubriendo sus características y buscando utilidades en cualquier cosa. Y, como si de un juego se tratara, muy pronto aprenderá también a **comunicarse**.

En el presente libro hemos pretendido explicar el juego como el gran impulsor del aprendizaje, y se ha expuesto tanto la evolución de los sentidos en relación con el juego como considerándolos como la fuente primordial de adquisición de conocimiento, al mismo tiempo que la fineza de estos constituye la preparación necesaria para un correcto desarrollo posterior.

Asimismo, un hito muy importante en el desarrollo del niño, antes de los 6 años, es la adquisición de sus **habilidades motrices**, las cuales no contribuirán tan solo a que pueda pasar de la posición horizontal a la de caminar, sino que también sentarán, en buena medida, la maduración de su sistema nervioso y el desarrollo integral de sus sentidos.

Por otra parte, no podemos olvidar que, desde hace ya unos años, el juego de los pequeños está cambiando debido a la introducción de las **nuevas tecnologías** tanto en el ámbito doméstico como en el del juego. Estas tecnologías ofrecen unas alternativas prácticas y lúdicas cada vez más amplias y atractivas. En este sentido, resulta necesario conocer cómo se deben emplear, a partir de qué edad pueden empezar a utilizarse y qué precauciones se deben tomar al respecto.

Por último, y aunque debemos entender el juego como uno de los **métodos** más importantes para el aprendizaje, no podemos dejar de considerar que para que este objetivo se cumpla debe ser siempre divertido y estimulante para el niño, ya que de otro modo dejaría de ser un juego.

**Marc Giner Llenas**
Psicopedagogo

# Sumario

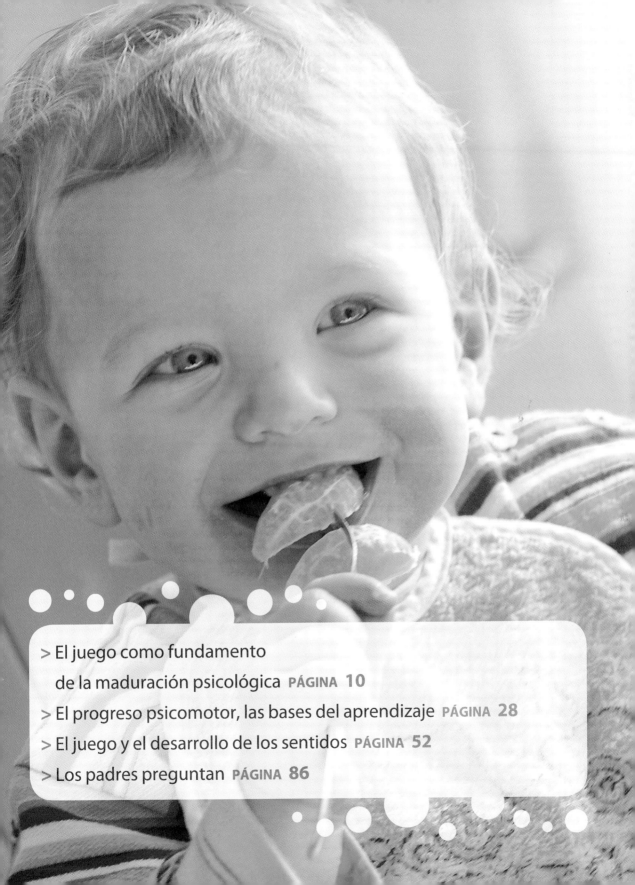

# El juego como fundamento de la maduración psicológica

# El juego como fundamento de la maduración psicológica

## La importancia del periodo de 0 a 6 años para el desarrollo

El niño nace con una gran capacidad para adquirir nuevas habilidades y conocimientos que irán progresando cada día; raramente transcurrirá un día sin que aprenda una o muchas cosas nuevas. Durante los primeros años, desde el nacimiento hasta los 6 o 7 años, tendrán lugar los aprendizajes más importantes de toda su vida. Precisamente en esta etapa, aprenderá uno o dos idiomas (está preparado para asimilar más si se los enseñan de forma natural), pasará de estar tumbado a ponerse de pie, dominará sus manos de tal forma que será capaz de dibujar y de empezar a escribir, empezará a leer y sabrá relacionarse tanto con los niños de su edad como con los adultos. En definitiva, ante él se abre un gran número de desafíos que precisa cubrir y que, de alguna manera, resultarán determinantes para el resto de su vida.

La mayoría de estos aprendizajes se producirán de forma natural en el seno de la familia, y entre ellos cabe destacar los relativos a la adquisición del lenguaje y los psicomotores. En este sentido, los padres juegan un papel importantísimo, ya que al interactuar con su hijo estimulan su desarrollo en muchos sentidos; así, resultan especialmente importantes la cantidad y la riqueza de estas interacciones durante los primeros años de vida.

El niño no diferencia entre jugar y aprender; para él, es exactamente lo mismo. Más adelante, lamentablemente, ya distinguirá de manera clara entre el aprendizaje y el juego, aunque seguirá aprendiendo mientras juega. Por este motivo, tenemos que aprovechar el juego como primera herramienta de estimulación y de desarrollo en todas las facetas del niño: con el juego se disfruta, pero disfrutando es como mejor se aprende.

## La fuente principal del desarrollo: el juego y la experimentación

Ningún padre se propone enseñar gramática ni pronunciación a sus hijos (¡por suerte!), sino que los niños aprenden el lenguaje de una forma natural mediante los juegos, las canciones y las interacciones de los padres con el niño. Así, cuando el pequeño empiece a emitir sus primeras vocalizaciones reflejas, si recibe una respuesta positiva por parte de sus padres —mediante una sonrisa, un abrazo o simplemente repitiendo las vocalizaciones que él realiza—, aumentará la frecuencia con que las realiza hasta conseguir la suficiente habilidad como para empezar a articular las primeras palabras.

El niño es curioso por naturaleza y continuamente intenta experimentar con aquello que le llama la atención, ya sea cuando su madre le canta, lo mece o le pone a su alcance algún objeto que le llame la atención. Por ello, es vital para su desarrollo que estos primeros años de vida tenga acceso a una serie de estímulos, de los cuales, los más importantes son los que puedan proporcionarle sus padres.

El juego es la forma en la que los niños aprenden durante estos primeros años y con él maduran un

La interacción que se produce entre los bebés y sus padres es fundamental para su buen desarrollo emocional.

gran número de habilidades, tanto cognitivas como de tipo social. Del mismo modo que los cachorros de un león juegan a pelearse y a cazar, hecho que les permitirá en su vida adulta poder ser buenos cazadores, el niño juega para aprender y adquirir las habilidades que precisará cuando sea adulto. No obstante, esto no significa que el juego no constituya un momento de placer y de disfrute; a veces no tiene otro objetivo que ese mismo disfrute, que resulta igualmente necesario para el desarrollo del niño.

## El juego y el desarrollo emocional

El juego, entendido también como interacción, resulta clave en el desarrollo emocional del niño. Los primeros juegos, como mecer al bebé, cantarle canciones o hacerle cosquillas, ejercen un papel

determinante en la relación que establecerá con sus padres. De este modo es como se va forjando el vínculo emocional, que se está gestando prácticamente desde la concepción y que tendrá que seguir potenciándose durante toda la vida.

Esta primera relación resulta fundamental en el desarrollo de su autoestima y autoconcepto, de modo que, si se siente querido por los padres, aprenderá a quererse a sí mismo, porque ellos le habrán enseñado que es una «personita» que merece ser querida. Si el niño no recibe este mensaje, difícilmente podrá desarrollar de manera conveniente su autoestima. Asimismo, la falta de interacción y, por tanto, de estimulación puede provocar que el niño pierda la principal motivación para su desarrollo; la motivación, además de proceder del propio niño, también precisa el continuo estímulo e interacción con los padres.

Cuando
los padres juegan
con sus hijos,
fortalecen el vínculo
emocional que existe entre
ellos; las caricias
y las cosquillas les
resultan muy
agradables.

El juego colma el bienestar emocional del niño: después de un tiempo de juego, el pequeño se siente contento y satisfecho y esto lo motiva y lo anima a querer jugar y a aprender más. La mejor herramienta para desarrollar el sistema emocional del niño es, sin lugar a dudas, el juego interactivo; no se necesitan juguetes complejos que hablen y puedan hacer muchas cosas, lo único que se precisa son ganas de disfrutar y de estar con él.

De este modo, cuando los padres juegan con su hijo, están realizando, sin ser conscientes de ello, una gran labor, que resultará fundamental para su posterior desarrollo emocional, ya que fortalece el vínculo emocional, potencia su autoestima, madura su seguridad en sí mismo y favorece de este modo que vaya avanzando hacia su autonomía.

## UN PEQUEÑO CONSEJO

El contacto piel con piel del niño con sus padres es una sensación muy agradable que potencia en gran medida el bienestar emocional del bebé, al mismo tiempo que mecerlo estimula su sistema vestibular (especialmente el equilibrio) y la sensación de movimiento. Más adelante, las caricias, los abrazos, los besos, y también los juegos como las cosquillas o los juegos físicos (levantarlos, darles vueltas, etcétera), resultarán importantes para favorecer su desarrollo emocional.

## El instinto de las madres (y de los padres)

En especial las madres, pero también los padres, poseen un instinto que los lleva a realizar muchas acciones con sus hijos que resultan clave para su desarrollo emocional, el amor y la continua interacción con él. Del mismo modo que la madre rápidamente comprende el motivo del llanto y actúa en consecuencia para colmar sus necesidades, de manera inconsciente sabe que el niño necesita que le hablen (aunque sepa perfectamente que no comprende), lo mezan, lo acaricien, todo ello como un juego que se convierte en las primeras interacciones del niño con el nuevo mundo de sensaciones en el que se encuentra. Estas interacciones resultarán esenciales para que el bebé satisfaga sus necesidades emocionales, que son tan importantes como las de tipo físico (alimentación y cuidados).

El tono que emplean las mamás con sus bebés cuando hablan a modo de juego, las onomatopeyas que utilizan y los gestos faciales que realizan serán importantísimos tanto para que el bebé reciba el mensaje emocional de cuánto lo quieren como para el disfrute y aprendizaje de los rudimentos de la comunicación. Incluso las madres menos expresivas comienzan a serlo cuando están con su bebé: las mamás saben que lo necesitan igual que precisan la leche o el biberón.

## Proteger, pero no en exceso

Es innegable que la seguridad de los hijos es fundamental, pero este hecho no conlleva que debamos privarlo de experimentar y poner a su alcance estímulos relevantes que puedan resultar importantes para ellos.

Uno de los puntos más destacados durante los primeros años es su desarrollo psicomotor, para cuyo progreso son muy importantes las oportunidades de movimiento que podamos proporcionar a nuestro hijo. A menudo, los padres son reacios a dejar a los bebés en el suelo para que puedan practicar libremente sus primeros movimientos, ya que normalmente este se asocia con la suciedad o quizás se pueda tener miedo a que el niño pueda introducir los dedos en los enchufes (existen unos excelentes protectores que impiden que esto suceda). Sin embargo, la etapa del suelo resulta clave tanto para su desarrollo psicomotor como para su desarrollo cognitivo y, de forma secundaria, también resultará importante para su desarrollo emocional, ya que el niño podrá asumir mayor seguridad en su movimiento al haberlo integrado de manera conveniente a través de las diferentes etapas.

A veces nos puede parecer más seguro que el niño permanezca en su parque o en un caminador, ya que de este modo estamos seguros de que no se lastimará o no se caerá cuando intente dar sus primeros pasos. Sin embargo, es necesario que el niño se caiga para que pueda aprender a levantarse y también cómo debe hacer los movimientos; el caminador puede forzarlo a emprender un aprendizaje para el que en realidad no se encuentre todavía preparado.

Para que el desarrollo psicomotor del niño se produzca de forma correcta debemos dejar que este tenga libertad de movimientos.

Asimismo, las estancias prolongadas en el parque conllevan, hasta cierto punto, privar al niño de muchas oportunidades de juego y de experimentación que le puede proporcionar el hecho de moverse libremente por la casa.

Otra oportunidad de juego y de experimentación que no podemos ignorar es el juego en el parque, donde coincidirá con otros niños. El parque nos ofrece otras nuevas formas de experimentación tanto en los primeros contactos con otros pequeños desconocidos como con las diferentes oportunidades de juego, como manipular la tierra o usar los columpios y los toboganes.

## No sé jugar con mi hijo

En algunas ocasiones, nos puede resultar difícil jugar con el niño porque desconocemos qué hacer con él. En este sentido, debemos tener presente que el juego más sencillo seguramente será aquel que satisfaga en mayor medida las necesidades del

pequeño. Probablemente, estas dificultades para jugar se deban a no saber cómo adecuar la actividad que el padre quiere realizar con él al nivel de desarrollo del niño. Este problema tiene lugar, sobre todo, cuando el bebé todavía no ha desarrollado el lenguaje y puede resultar muy difícil adaptarse a aquello que pueda gustarle o entender.

Si todavía es un bebé, las mejores actividades de juego son cantarle, mecerlo, hacerle cosquillas y masajes; también será muy receptivo a estímulos visuales, auditivos y táctiles agradables, tanto con juguetes coloridos y con movimiento como con aquellos que producen sonido. Sin embargo, en estos primeros momentos, el juego que más os satisfará será aquel que implique contacto físico entre vosotros.

Cuando ya sea más mayor, a partir de los 2 años, y empiece a utilizar él solo los juguetes, la mejor manera de iniciar la interacción es ponerse a su nivel, cara a

Los parques infantiles son un buen lugar para que los pequeños puedan experimentar sus nuevas habilidades y conozcan a otros niños.

cara, e imitar su juego para luego ir introduciendo otros elementos: si juega a tirar un muñeco, nosotros podemos hacer lo mismo; lo importante es que se produzca una interacción y que disfrutemos con ella. Aunque a esta edad todavía le seguirá gustando que le cantes, lo mezas o le hagas cosquillas.

Más tarde, el juego se hará más complejo y empezará a realizar construcciones, a inventarse historias con los muñecos o a imitar comportamientos de los adultos. En estos momentos, lo mejor que podemos hacer es unirnos a su juego y participar. Aunque a veces nos pueda parecer ridículo, será la mejor manera de acercarnos a ellos.

En los capítulos siguientes podrás encontrar múltiples propuestas de juegos que te acercarán a tu hijo, al mismo tiempo que lo estimulas.

# El juego y el desarrollo social

El juego constituye un papel clave en la socialización del niño. Gracias al juego aprenderá múltiples habilidades que le ayudarán a relacionarse con los demás, tanto ahora como cuando vaya haciéndose mayor. De algún modo, las primeras interacciones siempre se establecen a modo de juego entre la madre y el niño, ya antes de que este nazca. Estas interacciones madurarán en un gran número de aprendizajes clave para la socialización, como son el respeto de los turnos de palabra, la interactividad, saber esperar la respuesta del otro, y lo más importante, el disfrute de poder compartir con el otro una actividad o juego que pueda satisfacer a ambos participantes.

Así pues, cuando se encuentre con otro niño, sabrá que debe dejar un espacio para que el otro niño interactúe con él, sabrá esperar pero también sabrá iniciar una interacción con el otro. Desde este momento es bueno enseñar al niño la bondad de compartir con los demás, y para esto es necesario que juguemos con él. Si siempre juega solo, difícilmente aprenderá a compartir y a comunicarse con los demás. A menudo puede resultar complicado jugar a su nivel, es decir, con juegos poco elaborados o de acción, pero, de esta manera, aprenderá las bases para poder jugar con otros.

## «Siempre quiere el juguete de su hermano»

El juego con los hermanos constituye una de las primeras interacciones con otras personas, además de los padres, y también será muy importante para su futuro desarrollo. En el caso de no tener hermanos, estas interacciones se producirán de forma parecida con niños muy cercanos o con los que tengan un contacto muy frecuente durante la primera infancia, como primos o hijos de amigos o personas con las que tengamos una relación asidua, aunque uno de los puntos más importantes como la relación con los padres no será compartida.

Jugar con los hermanos supone satisfacciones, pero, al mismo tiempo, implica muchas frustraciones. Una de las principales dificultades se debe a la presencia de una importante competitividad entre los hermanos, que se produce conjuntamente con un aspecto que es tan importante para ellos como la afectividad

## SABER +

Las primeras interacciones del bebé con sus padres sientan la base para las futuras interacciones con los demás, de modo que, cuanto más ricas y frecuentes sean, mejor desarrollo cabe esperar de sus habilidades sociales y, por tanto, de su inteligencia emocional.

de sus padres, la principal fuente de celos. Ante los celos, la actitud fundamental de los padres debe ser garantizar la individualidad en el trato de los hermanos, potenciando especialmente los espacios compartidos de forma única con cada uno de los hijos, ya sea jugando a algún juego que implique compartir o bien realizando cualquier otra actividad que sea del agrado de ambos; la exclusividad (aunque sea momentánea) es la mejor solución para mediar con los celos.

No obstante, difícilmente podremos evitar que surjan peleas o disputas entre hermanos por un juego o un juguete. La actuación de los padres ante estas peleas es compleja, pero deben procurar que los hermanos puedan buscar soluciones propias a sus conflictos, aunque, en muchas ocasiones, los progenitores tendrán que actuar cuando las peleas vayan a más. En estas ocasiones, es necesario poder escuchar a ambos y buscar soluciones que impliquen a todos los hermanos que hayan participado, aunque no sean quienes han iniciado la pelea. Siempre resultará fundamental ofrecer a los niños opciones a posteriori en las que se muestre cómo podrían haber solventado el problema (cuando los ánimos ya estén calmados). Asimismo, resultará igualmente importante el modelo que los padres proporcionen con respecto a la resolución de conflictos. Si los padres solucionan los conflictos de forma racional, ellos tenderán a resolverlos también de este modo. Pero si los solventan de forma impulsiva, con poca reflexión o mediante tonos de voz elevados o muy tajantes, ellos también aprenderán a hacerlo así.

## El juego y las normas

Los niños por naturaleza son impulsivos y se comportan de la manera que les apetece o que les conlleva algún tipo de satisfacción o curiosidad. Esta impulsividad irá desapareciendo a medida que se hagan mayores, sobre todo gracias a las intervenciones de sus padres y otros adultos de referencia durante esta primera infancia. El juego tendrá una función determinante en la adquisición y comprensión de los mecanismos de las normas, lo que de forma consecuente les ayudará en gran medida a mediar con su impulsividad.

Nuestra sociedad está repleta de normas, unas escritas y otras no, a las cuales debemos adaptarnos para no permanecer al margen. Por medio del juego, el niño aprenderá muchas de las cosas que puede hacer y también aquellas que no debe, sobre todo con respecto al contacto social con el otro.

## SABER +

Las peleas entre hermanos son muy frecuentes en el juego y su la presencia puede responder a varios motivos, que no tienen por qué ser necesariamente los celos. Para tratar estas peleas, algunas recomendaciones son: procurar escuchar siempre todas las posibles explicaciones, intentar ser justo con las consecuencias de las soluciones que aplicamos (aunque siempre debe haber alguna consecuencia, por pequeña que sea), no responsabilizar siempre al hermano mayor, dar ejemplos o alternativas que podrían haber usado para resolver el conflicto, no levantar el tono de voz, hablarles de forma sosegada y proporcionándoles unas pautas muy claras de lo que deben hacer en ese momento. Sin embargo, siempre que puedan solucionar las disputas entre ellos, antes aprenderán y madurarán estrategias para relacionarse de un modo más adecuado.

Gracias a los juegos de mesa, los niños y las niñas se familiarizan con las normas y, además, aprenden a compartir su tiempo de ocio.

Muchas veces, los niños, ya desde los 2 años, empiezan a imitar nuestras conductas y no es en absoluto extraño verlos imitar a los padres cuando los regañan porque no se lo comen todo o porque se han portado mal, algo que reproducirán con sus muñecas o con títeres; esto nos indicará que están interiorizando aquellas normas que les exigimos y que, por tanto, entienden que son necesarias para su bien. Aunque también, en muchas ocasiones, serán un reflejo a modo de espejo de cómo ven al adulto, quien se convierte en su modelo a imitar.

En el juego más normativo, como son los juegos de mesa, el niño aprenderá qué puede realizar y qué cosas no debe hacer, así como las consecuencias que puede acarrear el hecho de hacer caso omiso de las normas. De esta forma, aprenderá la necesidad de ser reflexivo antes de tomar una decisión, ya que las consecuencias de una decisión errónea o precipitada pueden resultar negativas para él.

## SABER +

Los niños necesitan una normativa clara. Precisan saber, del mismo modo que los adultos, lo que deben hacer y también lo que pueden hacer. Nada resulta más desorientador que permitirle o tolerarle una conducta y al día siguiente enfadarse porque haya hecho lo mismo que el día anterior. Si los niños no advierten una normativa y unas consecuencias en relación a ella, podrán presentar más problemas conductuales, sobre todo debido a la falta de conciencia de aquello que es correcto y de aquello que no lo es. El mismo problema nos lo podemos encontrar cuando los criterios educativos del padre y de la madre difieren, de modo que lo que uno tolera, el otro no y viceversa. Esto genera en el niño una confusión que puede dar lugar a problemas conductuales.

## Compartir o competir

Existe una gran variedad de juegos sociales, cada uno con sus particularidades. Unos tienen una mayor tendencia a la competitividad y otros a la cooperación, es decir, un reflejo del día a día del adulto.

En este marco debemos tender al equilibrio: son tan necesarias las habilidades que nos proporciona el hecho de competir como el de compartir. Sin embargo, si tendemos a potenciar un punto más que el otro siempre será mejor potenciar la cooperación y el hecho de compartir con el otro, a través del cual aprenderemos a empatizar (ser capaces de ponernos en el lugar del otro y comprender su situación), dar y recibir ayudas y trabajar en equipo, habilidades que resultarán claves para el futuro. En cambio, la competitividad también nos aportará grandes valores, como el afán de superación o el esfuerzo, tan importantes en nuestros días. Pero un exceso de competitividad nos puede conducir a no desarrollar las habilidades propias del trabajo en equipo y tender en exceso al individualismo.

La gran mayoría de deportes son juegos de competitividad, aunque bien enfocados también pueden conllevar una buena dosis de cooperación o trabajo en equipo; esto dependerá mucho del enfoque que se le dé al deporte en sí mismo. Otro tipo de juegos competitivos son los clásicos juegos de mesa con varios participantes, así como muchos de los videojuegos de múltiples jugadores.

Por otra parte, los juegos que fomentan compartir son todos aquellos que no tienen como fin que haya un ganador. En este grupo se incluyen todos los juegos que conllevan una representación de la vida cotidiana, como jugar a cocinitas o con muñecos, en los que los niños interpretan diferentes papeles; también se incluye en este grupo la mayoría de juegos que forman parte de la primera infancia del niño. Otros juegos de cooperación pueden ser los que se basan en las construcciones o puzles, por ejemplo.

A través de diferentes actividades lúdicas, los niños desarrollan distintas habilidades, tanto cognitivas como psicomotoras.

A edades muy tempranas, los niños pueden interaccionar entre ellos, aunque en realidad no están compartiendo sus juegos.

## Mi hijo siempre juega solo

Existen etapas, sobre todo antes de los 4 años, en las que el niño se encuentra muy centrado en sí mismo y será bastante habitual que juegue solo o bien que lo haga en paralelo a otros niños, es decir, que juegue al lado de otros, pero realmente solo. De todos modos, durante esta etapa, también se producen interacciones con los demás aunque resulta difícil que exista un juego realmente compartido.

El hecho de que el niño juegue solo nos deberá llamar la atención sobre todo a partir de esta edad, los 4 años. De todos modos, la mejor herramienta de prevención y de estímulo para el juego de carácter más social siempre procederá del hogar y, a menudo, reflejará las oportunidades de juego interactivo que el niño ha tenido anteriormente con sus padres y/o sus hermanos.

No obstante, esto no significa que cuando el niño tenga 4 años, los padres no puedan hacer nada para que aprenda a jugar con otros; todo lo contrario, será cuando deberán potenciar el desarrollo de sus habilidades sociales. De nuevo, lo mejor que pueden hacer los padres es jugar con él en casa; eso sí, no pueden imponer su juego al del niño, sino que deben adaptarse a las actividades lúdicas que el niño realiza, siendo uno de los aspectos más importantes poder jugar cara a cara, es decir, a la misma altura: si el niño juega en el suelo es necesario ir al suelo con él, y los padres deben adoptar una atención especial a los siguientes aspectos:

- Respetar los turnos de interacción en el juego, darle tiempo.
- Añadir nuevos elementos al juego que realiza el niño, pero sin cambiar la esencia del mismo.
- No imponer los ritmos ni el tipo de juego, ya que ambos deben disfrutar.
- Potenciar el hecho de compartir los objetos.

Es muy importante que los padres jueguen con sus hijos, pero deben respetar el ritmo de juego de los pequeños.

- Si jugamos con él, también debemos recoger los juguetes con él.
- El niño no debe dirigir totalmente el juego, sino que debe permitir que el adulto introduzca variaciones, y este debe hacer lo mismo.
- Sobre todo, disfrutar del juego.

## Los deportes y la sociabilidad

Los deportes son un excelente medio a través del cual los niños pueden desarrollar múltiples habilidades tanto de tipo físico o motor como de tipo social. En este último sentido, los deportes de equipo pueden facilitar el desarrollo social del niño, al mismo tiempo que le pueden permitir comprender cómo es posible trabajar en equipo, la importancia de la colaboración y los aspectos que le servirán para otros momentos de su vida, como el afán de superación y, en cierto modo, la competitividad.

Sin embargo, es muy importante estar atento a los valores que se transmiten al niño en según qué deportes colectivos. En ocasiones puede depender del lugar donde vayan a realizar el deporte, ya que a veces se concede mayor importancia a la competitividad que al disfrute y al aprendizaje de los niños, lo que provoca que algunos (a menudo los menos hábiles) se encuentren desplazados del resto del grupo y no puedan disfrutar del deporte, lo cual es la finalidad más importante de esta actividad. Del mismo modo pueden ejercer una influencia importante en los valores de los niños al fomentar en gran medida la competitividad; igual que no llevarían a su hijo a cualquier colegio, tampoco deberían llevarlo a cualquier lugar a practicar un deporte sin saber cómo trabajan en ese club o sección deportiva.

En este sentido, también resulta muy importante la actitud que adopten los padres hacia los deportes que realizan sus hijos, valorándolos en su justa medida y sin olvidar que el deporte es una oportunidad para disfrutar y para desarrollarse física y psicológicamente y no una continua competición para ser el mejor.

Los videojuegos, individuales o en grupo, han irrumpido con fuerza entre las preferencias de los niños a la hora de divertirse.

## Los videojuegos y la sociabilidad

Los videojuegos en sí no tienen un efecto bueno o malo en el desarrollo social de los niños, todo dependerá del uso que se les dé.

Cada vez son más populares los videojuegos que implican a toda la familia o que necesitan la participación de varias personas, ya sea para realizar deportes virtuales u otro tipo de actividades interactivas. Ciertamente, este tipo de videojuegos fomenta las relaciones familiares y sociales, ya que une a todos los participantes frente a una actividad común y les permite el disfrute conjunto. Así pues, este tipo de actividad tiene las mismas connotaciones sociales que pueden tener los conocidos juegos de mesa y, además, poseen la particularidad de que son aptos para todas las edades, con lo que facilitan el encuentro y el disfrute de todos en una misma actividad.

## UN PEQUEÑO CONSEJO

Los videojuegos y, en términos generales, las nuevas tecnologías deben estar siempre en espacios comunes de la casa, tanto para potenciar su uso compartido como para que los padres puedan controlar su empleo. Nunca deben estar en la habitación del niño, puesto que pueden conducir al aislamiento dentro del propio hogar, además de que puede provocar que los padres pierdan el control, tan necesario en el uso de estas tecnologías.

Sin embargo, a menudo podemos encontrarnos con niños que van por la calle o que comen en familia mientras juegan con su pequeña videoconsola individual. Sobra decir que este tipo de conductas no beneficia en ningún sentido la sociabilidad de los pequeños; todo lo contrario, los aísla totalmente de su entorno más inmediato, que, pese a no ser tan interactivo como el que le ofrece su videoconsola, será mucho más rico tanto para su crecimiento emocional como para el desarrollo de sus habilidades sociales. A menudo, para estos niños, el contacto con una pequeña computadora, que nunca se enoja con nosotros y siempre está dispuesta a satisfacer nuestros caprichos de juego, puede resultar más sencillo que mediar con los intereses y habilidades de otros niños que son mucho más imprevisibles que la consola; de este modo perderán numerosas oportunidades de ejercitar sus habilidades sociales, tan importantes para el futuro. Pero, tal vez, esta no sea la consecuencia más importante, sino que lo que más destacado es el progresivo distanciamiento y la falta de comunicación con su entorno familiar más próximo.

Otro punto que cabe destacar es el gran auge del juego *online*, en el que niños y adultos juegan con personas que están físicamente muy lejos de ellos. Este juego, lógicamente, no se produce en edades tempranas, pero sí puede empezar a aparecer a partir de los 8 o 9 años. En este tipo de juego tecnológico podríamos decir que se fomentan las relaciones sociales, pero no cabe olvidar que estas se realizan desde un perfil de una gran superficialidad y desconocimiento de aquella persona con la que estamos interactuando, con los riesgos que ello puede conllevar. Así pues, este tipo de juegos deben estar muy regulados, ya que, al mismo tiempo que aproximan a personas lejanas entre sí, provocan en gran medida el alejamiento de aquellas que están más cerca, cuyas relaciones pueden resultar más difíciles que con aquellas que simplemente se relacionan con un objetivo común. Todo ello nos hace perder flexibilidad y puede llegar a disfrazar nuestra verdadera realidad si se produce un uso excesivo.

## El juego nos prepara para la vida adulta

El juego es una fuente importantísima para el desarrollo del niño de cara a su vida adulta. Con el juego, aprenderá muchísimas habilidades que resultarán fundamentales tanto para la adquisición de destrezas sociales como para el progreso de sus habilidades cognitivas y de aprendizaje.

En el apartado anterior ya hablábamos de la importancia que tiene el juego en el manejo de la impulsividad del niño. Resulta evidente la relevancia que la regulación de este tipo de conductas tendrá para su crecimiento, tanto en relación con su desarrollo social como en lo referente al aprendizaje. Un niño impulsivo en su contacto social tenderá a ser rudo, poco atento con las normas y podrá ser rechazado por sus compañeros. Del mismo modo, un niño impulsivo con respecto al aprendizaje tenderá a no reflexionar, con lo que se equivocará fácilmente en sus respuestas, ya que no procesará lo suficiente la información que recibe. No obstante, en algunas ocasiones, hay niños que son impulsivos a pesar de haber jugado mucho y de que se haya trabajado bastante este aspecto con los padres o en la escuela. En estos casos puede resultar recomendable acudir a un especialista para que valore las posibles causas de esta impulsividad.

Sin embargo, el juego no solo ayudará al niño a mediar con su impulsividad sino que también favorecerá otras muchas habilidades importantes, como el razonamiento, por ejemplo, mediante juegos de construcción o de estrategia.

Otro aspecto que no podemos olvidar en nuestros días es el papel que ejercen los videojuegos en los niños con respecto a su uso y la familiarización con las nuevas tecnologías. El carácter interactivo e inmediato de los juegos de ordenador o las videoconsolas acerca a los niños a estas tecnologías y les facilita su uso, que, evidentemente, es fundamental en nuestros días. Lógicamente, como trataremos más adelante, el uso de los videojuegos debe ser tratado de manera conveniente, ya que además de ciertos beneficios también puede implicar algunos riesgos que pueden ser fácilmente subsanados. No obstante, no debemos perder de vista que el uso de los videojuegos también facilita la adquisición de ciertas habilidades cognitivas relevantes, tales como el razonamiento, la capacidad de atención, la coordinación visomotora o la toma de decisiones (aspectos que trataremos más adelante), aunque los videojuegos se deben emplear siempre en su justa medida.

## El juego de imitación y el juego simbólico

El niño, antes de poder comprender la realidad que le rodea, necesita vivirla; de este modo, tenderá a revivir situaciones que ya ha vivido antes, sobre todo aquellas que han supuesto cierto impacto emocional para él, y las representará desde su propia perspectiva y añadiendo o quitando elementos. Este juego será el inicio de la simbolización, una fase muy importante en el desarrollo cognitivo del niño. La simbolización y el hecho de que otorgue significados diferentes a los habituales a los objetos que está utilizando será una de las primeras muestras de abstracción, es decir, de la capacidad de poder hablar o razonar sobre un objeto o una persona que no está realmente presente en esos momentos, lo que favorecerá, en gran medida, el desarrollo del lenguaje.

Aunque con frecuencia no necesitará muchos juguetes, algunos que pueden facilitar el desarrollo del juego simbólico son: disfraces, artículos de higiene personal, casas o tiendas con los enseres pertinentes, máscaras, muñecas, títeres, etcétera.

## Las múltiples habilidades que se adquieren o maduran mediante el juego

Existe un gran número de habilidades que los niños adquirirán mediante el juego, especialmente las cognitivas y sociales, pero también las físicas. Evidentemente, los niños no

Los juegos simbólicos, en los que los niños representan un papel, son muy importantes en el desarrollo cognitivo de los niños.

desarrollarán todas estas facultades solo mediante el juego, pero este ejercerá un papel muy importante y nos permitirá potenciar aquella habilidad que deseemos. Todo dependerá del tipo de juego que realicemos y de las oportunidades que tengamos para poderlos poner en práctica.

Como habilidades cognitivas podemos hablar de capacidad de atención (juegos de mesa y estrategia), flexibilidad cognitiva (juegos creativos), coordinación visomanual (juegos de construcciones), razonamiento abstracto (juegos de mesa y de construcciones), razonamiento verbal (juegos mediante el lenguaje), memoria (juegos de lenguaje y de mesa) o la reflexividad (juegos de mesa).

Por otra parte, en cuanto a habilidades sociales, lógicamente con juegos de grupo, podremos potenciar el liderazgo, la empatía, las habilidades de trabajo en equipo o el autocontrol.

Por último, en cuanto a habilidades físicas, los juegos relacionados con el deporte serán la fuente principal de maduración de la coordinación motora gruesa, lo que proporciona agilidad, destreza, fuerza y resistencia. Otro punto clave será la adquisición de habilidades manuales y de coordinación de la mano con el ojo, que resultarán fundamentales, más tarde, para aprendizajes tan importantes como la lectura y la escritura.

## El juego, la imaginación y la creatividad

El juego es el vehículo fundamental a partir del cual los niños podrán desarrollar su imaginación y su creatividad, juntamente con el dibujo y las artes plásticas, que serán su principal punto de desarrollo.

Muchos juegos y juguetes ofrecen un gran número de oportunidades. Serán aquellos más «abiertos» los que permitirán a los niños desarrollar más su creatividad y su imaginación. Así, por ejemplo, una moto con luces y que le sirve para desplazarse aportará un bagaje muy pobre al desarrollo de su imaginación, aunque, con seguridad, el niño se imaginará que está conduciendo una gran motocicleta y hará giros, ruidos, etcétera. No obstante, el juego que permitirá la motocicleta solo será ese, lo que no supone ningún problema más que la limitación en el tipo de juego que puede realizar. En cambio, otros juguetes, como los bloques de construcción, nos permitirán desarrollar múltiples

Los niños desarrollan su imaginación y creatividad a través de los juegos y son capaces de crear un mundo a su medida.

y diversas construcciones, hacer una casa para la mascota, erigir un castillo, un aparcamiento para coches y así hasta un sinfín de oportunidades. Las mismas que proporcionarán juegos como disfrazarse con ropas viejas o hacer representaciones mediante títeres; jugando a los disfraces, los niños se verán obligados a buscar diversos recursos, a proporcionar significados diferentes a las cosas que utilicen y a usarlas de forma distinta. Además, a posteriori, probablemente realizarán un juego de improvisación con los disfraces inventados; en definitiva, un juego con una mayor riqueza que el que les proporcionan los juguetes que solo pueden servir para una o dos actividades y que suelen acabar olvidados, tarde o temprano, en un rincón.

## Mi hijo confunde la realidad y la fantasía

Los niños, durante la primera infancia, sobre todo antes de los 6 o los 7 años, viven en una perenne mezcla entre la fantasía y la realidad, de modo que a menudo les puede resultar muy difícil distinguirlas claramente. Será muy frecuente que, cuando los niños de estas edades nos expliquen alguna vivencia, tiendan a completar aquellos recuerdos que tengan con otros propios de su fantasía. Asimismo, en otras ocasiones, nos podrán explicar aspectos relacionados con su juego como si fueran realidad. Hasta los 7 años, esto no debe preocupar a los padres; no obstante, si este tipo de comportamiento se mantiene durante más tiempo, puede resultar recomendable consultar con un especialista. A esta edad, entre los 6 y los 7 años, los niños empiezan a vivir la realidad de una forma más concreta, menos abstracta que antes; de este modo, su percepción cotidiana se referirá directamente a los hechos y no tenderá a completarla de forma tan manifiesta con su fantasía o imaginación.

La necesidad de completar la realidad mediante la fantasía se debe a que no comprenden muchas de las cosas que les rodean y a las que necesitan darles un significado determinado, aunque sea mágico o poco probable. De este modo, a estas edades, así como más adelante, será muy fácil que se crean toda aquella información que proceda del exterior, puesto que necesitan recibirla. Son grandes devoradores de conocimiento y, en el caso de que no puedan acceder a él, será muy probable que lo completen por medio de su fantasía, sobre todo en relación a aquellas cosas que le atraen, le interesan o pertenecen a su entorno más próximo.

Los niños utilizan la fantasía como forma de comprender el mundo que les rodea. Algunos juguetes les ayudan a crear su mundo fantástico.

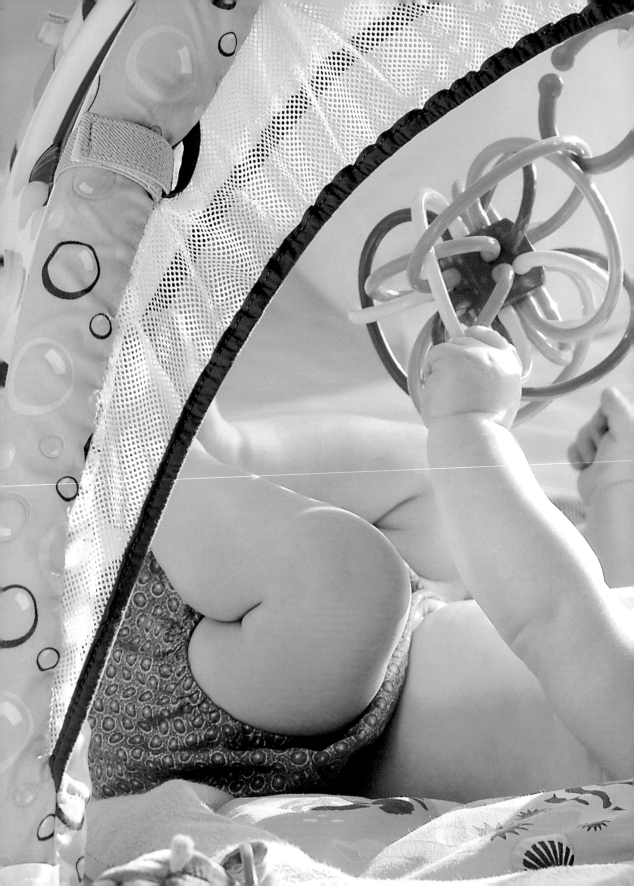

# EL PROGRESO PSICOMOTOR, LAS BASES DEL APRENDIZAJE

# EL PROGRESO PSICOMOTOR, LAS BASES DEL APRENDIZAJE

El hombre es el ser vivo que muestra mayor indefensión ante el mundo que le espera en el momento de su nacimiento y, en especial, durante su primer año de vida, se mostrará sumamente dependiente del entorno adulto, que lo protegerá, cuidará, alimentará y le facilitará aquellas actividades y elementos que potenciarán su maduración en todos los sentidos.

Todos los niños cuando nacen llevan consigo, en su código genético, programada una serie de conductas que le servirán para desarrollar sus primeros movimientos, así como sus primeras reacciones de protección y de alimentación. Se trata de los llamados *reflejos primitivos*, que son estas primeras reacciones que más tarde generarán movimientos más refinados o respuestas más adaptadas ante posibles situaciones de «peligro»; asimismo, su maduración permitirá conquistas tan importantes para el niño como el control de su cabeza.

Estos reflejos permiten que el niño realice sus primeros movimientos que, al principio, serán muy simples. Primero moverá las piernas y los brazos en posición supina, y más tarde, cuando lo pongamos en posición prona, empezará a levantar la cabeza, a llevarse cosas a la boca para, al cabo de poco tiempo,

Los primeros movimientos del bebé responden a los reflejos primitivos, pero pronto aprenderá nuevas formas de explorar el mundo.

alrededor de los 9 meses, iniciar los primeros desplazamientos mediante el arrastre y el gateo, lo que facilitará que vaya cambiando su relación con las nuevas condiciones gravitacionales a las que se encuentra expuesto, hasta que finalmente consiga mantener el equilibrio sobre sus pies.

Cabe tener en cuenta que no todos los niños pasan por cada una de estas etapas de forma natural, sino que algunos pueden suprimir ciertos pasos, lo que tiene cierta importancia no solo para su desarrollo psicomotor, sino que también repercute en otras habilidades que precisará más tarde. A modo de ejemplo, podríamos decir que aquellos niños que no hayan permanecido cierto tiempo en el suelo boca abajo seguramente no habrán desarrollado de manera adecuada el tono muscular del cuello y de la espalda, y, por tanto, su control de la región de la cabeza puede resultar débil. Así pues, un escaso control de la región de la cabeza puede implicar dificultades, más adelante, para mantener el equilibrio, entorpecer los movimientos oculares, provocar dificultades para mantener la atención o presentar posturas incorrectas.

Así pues, las adquisiciones del desarrollo psicomotor no tienen tan solo una relación directa con el desarrollo físico o del movimiento, sino que también implican la maduración de otros muchos aspectos que resultarán claves para su porvenir, tanto en lo referente al desarrollo cognitivo como, en cierta medida también, al desarrollo afectivo del niño. En relación con el desarrollo afectivo, podemos relacionar fácilmente los primeros desplazamientos del niño como los primeros pasos hacia la adquisición de la autonomía. El niño, cuando empieza a desplazarse, es más capaz de decidir qué es lo que quiere hacer, y cada vez depende menos de los adultos. Asimismo, un niño que haya realizado un buen proceso psicomotor podrá mantener un adecuado equilibrio, lo que le ayudará a tener una buena seguridad en sí mismo; con un equilibrio insuficiente, la relación con el plano puede ser muy inestable, lo que puede dificultar el desarrollo emocional del pequeño.

En los apartados siguientes trataremos algunas recomendaciones y actividades que pueden ayudar al niño a madurar su desarrollo, al mismo tiempo que pueden favorecer la aceleración de sus adquisiciones.

## El niño necesita experimentar. Un mundo nuevo se abre ante él, lleno de retos y motivaciones

Durante los primeros años de vida, el niño tiene un hambre insaciable de satisfacer su curiosidad. Ante él se abre multitud de objetos y espacios desconocidos, así como muchísimos conocimientos a los que se quiere acercar y tratar de aprender. De este modo, para poder saciar su necesidad de saber, el niño debe poder tener acceso a aquellas cosas que

El niño, curioso por naturaleza, experimenta con todo lo que hay a su alrededor. Morder los objetos a los que tiene acceso es una forma de satisfacer su curiosidad.

llaman su atención y poder manipularlas (experimenta con el tacto), morderlas y lamerlas (experimenta con el gusto y fortalece sus dientes), lanzarlas (experimenta con el tacto, la vista y, cuando caen, el oído) y poderlas observar para fortalecer sus sentidos y su comprensión de aquello que le rodea, lógicamente, siempre que ello no conlleve un riesgo para su salud.

Así, un niño que vea restringidos sus movimientos por causas ajenas a su desarrollo fácilmente podrá perder el interés por experimentar, ya que su atención solo se podrá limitar a aquello que esté a su alcance más inmediato, con lo que no podrá desarrollar sus sentidos de forma óptima, lo que también restará energías a su interés por el movimiento, ya que el niño tiende a moverse con un objetivo concreto, ya sea acercarse a sus padres o ir a buscar aquel juguete que le llama la atención; si no tiene un estímulo que provoque su movimiento, pronto dejará de intentar desplazarse.

# Hitos del desarrollo psicomotor

El desarrollo psicomotor implica una serie de fases que facilitan la adquisición de la fase posterior. No obstante, es muy común que algunas de estas fases se omitan o incluso que se cambie su orden y aun así las habilidades superiores como la deambulación surjan correctamente. No obstante, como ya hemos comentado anteriormente, las fases que tienen lugar en el desarrollo psicomotor no solo constituyen una ayuda para la siguiente fase, sino que permiten que el niño madure aspectos relacionados con los diferentes sistemas sensoriales, así como con respecto a cada una de las partes del cuerpo que deben participar en el movimiento, facilitando su maduración. Por ejemplo, un niño que no haya gateado puede que no desarrolle lo suficiente su competencia manual, debido a que en

el gateo es una de las fases en las que el niño es más consciente de su mano al situar toda la fuerza de la gravedad en ella, además de ejercer un papel muy importante en el desarrollo de la coordinación entre el ojo y la mano, tan destacada para tareas como la escritura.

A continuación trataremos algunos de los hitos más relevantes con respecto al progreso psicomotor desarrollado de forma cronológica, al mismo tiempo que explicaremos su relevancia y cómo podemos fomentar el avance de cada una de las fases.

### Los primeros movimientos reflejos y las primeras adquisiciones de control postural

Como apuntábamos anteriormente, el bebé inicialmente realiza una serie de movimientos de tipo reflejo, llamados *reflejos primitivos*, que cumplen básicamente tres funciones: supervivencia y protección, alimentación y preparación del bebé para desarrollar sus movimientos.

Así pues, existen diferentes tipos de reflejos primitivos, unos que ayudarán al bebé a sostener la cabeza, otros que facilitarán el desarrollo del tono muscular de diferentes partes del cuerpo y otros que potenciarán los primeros movimientos como el gateo o el arrastre, la succión y otros muchos hitos clave para el desarrollo del bebé.

Un ejemplo fácil de identificar es el denominado *reflejo de moro*, que se activa cuando el niño recibe un estímulo inesperado y que puede considerar peligroso. El estímulo puede ser táctil (como cuando recibe un cachete al nacer), auditivo (un ruido intenso o estridente), visual (una luz muy fuerte o molesta) o relacionado con el movimiento (un movimiento brusco o poco controlado). Ante estos estímulos, el niño responde extendiendo sus brazos, tomando aire y empezando a llorar con todas sus fuerzas y cerrando los brazos sobre su pecho. Esta es la respuesta de los recién nacidos cuando son estimulados para llorar por primera vez

## SABER +

El proceso psicomotor tiene unas edades de referencia en cada fase. Sin embargo, no nos debe alarmar el hecho de que algunas adquisiciones se produzcan más tarde o más temprano; resulta más importante el hecho de pasar por todas las etapas que la cronología de estas. No obstante, un retraso de más de 2 o 3 meses en la aparición de uno de los movimientos puede constituir un síntoma de alerta que conviene valorar con un especialista en psicomotricidad.

| HABILIDAD | TIEMPO EN MESES (ESPERADO) |
|---|---|
| Movimiento de brazos y piernas sin movimiento de cuerpo | Entre los 0 y 1 mes |
| Extensión de la cabeza en posición prona | Hacia los 2 meses |
| Es capaz de voltearse sobre un lado del cuerpo | Alrededor de los 3 meses |
| Inicios de la reptación | Hacia los 5 meses |
| Inicios del gateo | Alrededor de los 7 meses |
| Se mantiene sentado de forma estable | Hacia los 7 meses |
| Se mantiene de pie con apoyo | Hacia los 9 meses |
| Comienza a caminar | Hacia los 12 meses |
| Camina libremente sin ayuda y de forma estable | Hacia los 18 meses |
| Es capaz de correr | Hacia los 24 meses |
| Es capaz de andar y correr de forma cruzada entre extremidades superiores e inferiores | Hacia los 36 meses |
| Salta alternando los pies | Hacia los 48 meses |

y, de este modo, abrir los pulmones. Así pues, el bebé estaría avisando a su madre de que ha sufrido o puede sufrir una agresión, al mismo tiempo que podría disuadir a un posible agresor con los chillidos que emite, mientras el niño se protege cubriéndose el pecho con los brazos. Más adelante, alrededor de los 6 meses, la respuesta de moro evolucionará hasta lo que luego llamaremos *respuesta de sobresalto*, que es aquella que utilizan los adultos cuando reciben un estímulo intenso, como un ruido estridente, una luz molesta, un contacto táctil inesperado o una pérdida de equilibrio repentina.

La evolución y maduración de los reflejos primitivos permitirán que el niño pueda desarrollar su movilidad, ya que posibilitan que el pequeño se coloque en determinadas posiciones que facilitarán el desarrollo del tono muscular y lo prepararán para realizar los movimientos básicos.

Si dejamos
a nuestro
bebé en posición
supina, debemos
dejarle objetos
a su alcance para
que pueda jugar
con ellos.

Durante los primeros meses, especialmente cuando el niño se encuentra en posición supina, mueve constantemente los brazos y las piernas. En estos primeros momentos, sobre todo a partir del segundo mes, será oportuno colocar algunos objetos al alcance de sus manos y de su vista (a modo de móvil) para que empiece a realizar sus primeros movimientos con el fin de intentar alcanzarlos, de manera que coordine la vista con las manos y empiece a ser consciente de ellas.

Más adelante, hacia el segundo mes, ya se puede colocar en posición prona, lo que resultará clave para la maduración de las vértebras cervicales y dorsales, aspectos esenciales en el desarrollo del control de la cabeza y que permitirán que puedan empezar a surgir los primeros movimientos de la reptación.

### La rotación segmental o croqueta

El movimiento de giro sobre el propio eje es el primer desplazamiento que realiza el niño y le sirve básicamente para pasar de la posición supina a la prona y, de este modo, desplazarse boca abajo. Asimismo, cuando consigue ponerse en posición prona, empieza a realizar todo el trabajo de tonificación de la espalda y del cuello, lo que le permite sujetar de manera adecuada la cabeza y tener el tono suficiente en manos y piernas para

## UN PEQUEÑO CONSEJO

Dejar al niño durante largos periodos de tiempo boca arriba supone privarle de muchos elementos que pueden ejercer un papel de estimulación. En primer lugar, su sistema visual estará muy poco estimulado, ya que solamente verá el techo, mientras que si está boca abajo podrá ver toda la habitación en la que se encuentra y los movimientos que se realizan en ella. Por otra parte, si se tiene en cuenta la relación tan estrecha que existe entre la audición y la vista, no podrá relacionar aquello que escucha con lo que está viendo y no sabrá con tanta facilidad cuál es el origen de los ruidos o de las palabras que oye. Asimismo, cuando esté boca abajo, el niño podrá intentar desplazarse hacia aquello que le llama la atención o es de su interés, hecho que le permitirá activar sus mecanismos internos para ir desarrollando su tono muscular y realizar movimientos más precisos para conseguir sus objetivos.

desarrollar el desplazamiento mediante el arrastre o reptado.

La croqueta tiene gran importancia, tanto porque facilita este primer movimiento de inicio de la autonomía como por la intensa estimulación que supone para el sistema vestibular, sentido muy relacionado con la audición y que se encarga de informar al cerebro de la posición de la cabeza. La rotación segmental, al constituir un movimiento de todo el cuerpo, también informa al cerebro de la posición del cuerpo mediante los receptores del tacto y las articulaciones, lo que generará una de las primeras coordinaciones entre la posición de la cabeza y el resto del cuerpo, hecho que resultará clave para el desarrollo del equilibrio.

### ¿Qué podemos hacer para facilitar el movimiento de rotación segmental?

El movimiento de rotación segmental se utiliza también en terapia de estimulación para el sistema vestibular y, por tanto, para la audición. La estimulación del sistema vestibular suele espolear el resto de los movimientos, lo que activa al niño.

Es posible facilitar el movimiento de rotación segmental de diferentes modos:

- Sobre la cama o un suelo semiblando, se puede colocar al niño dentro de una sabana o una manta. Después, lo podemos enrollar hacia un lado y desenrollar hacia el otro. De este modo, le proporcionaremos una sensación de movimiento y también de las diferentes partes del cuerpo vinculadas con este.

- Otra forma de estimular el movimiento de rotación segmental consiste en coger al niño por ambas piernas en posición supina y cruzar una pierna por encima de la otra, levantándola y rotándola suavemente hasta que el pie toque el suelo por el otro lado; el resto del cuerpo acompañará el movimiento. Así conseguiremos que realice la rotación completa sobre su eje medio corporal.

### El reptado

El reptado, que suele desarrollarse alrededor de los 5 meses, es el primer desplazamiento que coordina la visión con el movimiento, o, lo que es lo mismo, se trata del desplazamiento inicial con un mayor componente de finalidad u objetivo.

Cuando el niño se arrastra sobre su abdomen está desarrollando su visión, especialmente la acomodación de la misma y la coordinación con la mano. La acomodación visual es la habilidad que tenemos para enfocar cerca y lejos, un trabajo visual que el niño empleará constantemente mientras se arrastra.

Además de los beneficios que el arrastre conlleva para el sistema visual, también hemos de tener presente que resulta muy importante para el desarrollo del sentido del tacto en todo el cuerpo, ya que al estar en la posición prona, siente toda presión de la gravedad sobre su abdomen y tiene que vencer esta fuerza mediante sus pies y sus manos, que serán los que realizarán el desplazamiento, con lo que contribuirá a la tonificación de estas partes del cuerpo preparándolo para el siguiente movimiento, el gateo.

Asimismo, por medio del arrastre, el niño empezará a realizar el primer movimiento cruzado, es decir, usando las extremidades superiores de un lado y las inferiores del otro, aspecto de carácter muy importante para la maduración neurológica, especialmente porque facilita que los dos hemisferios cerebrales aprendan a trabajar de forma conjunta.

### ¿Qué podemos hacer para facilitar el desarrollo del arrastre?

No todos los niños desarrollan el arrastre de forma natural; de hecho, son muchos los que pasan por alto esta etapa, aunque no por ello dejan más adelante de gatear y andar. Sin embargo, por su importancia para el desarrollo, resulta conveniente establecer algunas medidas que pueden ayudar a que se desarrolle el arrastre. Estas medidas se pueden empezar a implantar hacia los 5 o 6 meses, cuando el niño puede intentar realizar sus primeros movimientos de reptación.

Para facilitar el movimiento de reptado o arrastre podemos utilizar diferentes técnicas:

- Una primera recomendación, ya mencionada anteriormente, consiste en proporcionar un máximo de oportunidades de permanecer en el suelo en posición prona desde muy temprana edad, ya que de esta forma, él mismo irá ejercitando la musculatura y el control de las distintas partes del cuerpo que le facilitarán desplazarse mediante el reptado.

- Otra recomendación consiste en situar en el suelo, al alcance de la vista del niño, objetos que llamen su atención. La distancia debe ser escasa, de modo que el pequeño intente coger el objeto y no llegue, lo que estimulará su necesidad de desplazarse. Cuando consigamos que haga un movimiento hacia un lado, podemos cambiar el objeto hacia el lado opuesto para que realice el movimiento desde el otro lado. Además de un objeto, el estímulo más importante para el niño puede ser su padre o su madre. Para ayudar al pequeño a realizar el movimiento es muy recomendable que se le proporcione estímulo desde el pie, ya que le ofreceremos soporte para que pueda darse impulso desde las piernas. En este sentido, resulta importante que la fuerza provenga fundamentalmente del dedo gordo del pie, puesto que será el que nos proporcionará a posteriori la estabilidad al caminar.

- Una estrategia más consiste en facilitar al niño una superficie con inclinación, de modo que la fuerza de la gravedad lo ayude a realizar el desplazamiento de forma más fácil.

## El gateo

El gateo será prácticamente el último desplazamiento que realizará el niño antes de ponerse de pie y caminar. No resulta demasiado frecuente que los niños omitan totalmente esta etapa, aunque en ocasiones pasen con bastante rapidez por ella, ya que resulta clave tanto para el desarrollo psicomotor como para el desarrollo del sistema nervioso del niño. Generalmente, la etapa del gateo tiene lugar entre los 7 y los 9 meses, y durará hasta que el niño se ponga de pie y tenga una estabilidad suficiente como para andar sin ningún tipo de apoyo. De este modo, durante bastante tiempo, el gateo y andar estarán presentes de forma simultánea.

Resulta importante tener en cuenta que, en el gateo, la fuerza de la gravedad se centra por primera vez en las manos y las rodillas, lo que confiere al niño una mayor sensación tanto de las manos como de las rodillas, facilitando sobre todo la maduración de las primeras.

El gateo supone un paso muy importante en el desarrollo del control de la cabeza, la maduración del sistema visual y auditivo, el control de la mano y la integración de los movimientos cruzados entre las extremidades superiores e inferiores del cuerpo.

El niño no puede empezar a gatear hasta el momento en que controla de forma suficiente su cabeza, ya que en el movimiento del gateo debe combinar de forma muy frecuente la visión de lejos, para visualizar el objetivo hacia el que se dirige, y la visión de cerca, para observar el movimiento de sus manos. De este modo, el niño irá levantando y bajando la cabeza para controlar el movimiento, al mismo tiempo que potenciará la musculatura tanto del cuello como de la espalda, aspecto muy importante tanto para poder caminar como para poder permanecer sentado de forma correcta. Asimismo, este control de la cabeza resultará fundamental para el desarrollo de su equilibrio.

El gateo es clave para el trabajo de la coordinación entre los dos lados del cuerpo, ya que un gateo eficaz y veloz solo se puede producir en un patrón contralateral, es decir, combinando las extremidades superiores de un lado y las inferiores del otro. Así pues, el niño activará constantemente la coordinación existente entre los dos hemisferios del cerebro, ya que cada uno de ellos controla una parte del cuerpo. De este modo, estaremos facilitando aprendizajes futuros, muchos de los cuales precisarán un funcionamiento fluido de la integración de la información tratada por cada uno de los hemisferios, puesto que cada uno de ellos trabaja la información de una forma diferenciada.

El movimiento cruzado realizado en el gateo también sentará las bases necesarias para la marcha cruzada a la hora de andar, la cual es una de las etapas cumbre del desarrollo psicomotor y precisa un trabajo previo para que se pueda desarrollar de forma plena.

El desarrollo de las manos en el movimiento del gateo es claramente relevante, debido a que, por una parte, facilita la coordinación entre la mano y el ojo, muy importante para el desarrollo de aprendizajes claves a posteriori, como la lectura y la escritura. Del mismo modo, la sensación de presión en la palma de la mano ayuda al niño a madurar los reflejos de agarre de la mano, con lo que conseguirá un mayor dominio de sus manos, al mismo tiempo

que madurará la tonicidad de sus brazos y manos. También podemos ver cómo el gateo estimula la sensación táctil de las manos al pasar por diferentes materiales y texturas que estimularán las sensaciones táctiles que recibe desde las manos.

Por otra parte, conviene señalar que el desarrollo del gateo constituye una etapa esencial para la autonomía del niño, ya que cuando consiga un gateo eficaz será muy capaz de desplazarse de forma independiente durante más tiempo y hasta más lejos, con lo cual necesitará menos la ayuda del adulto.

En cuanto al sistema visual, el gateo resultará clave en la maduración de diferentes aspectos relacionados con este. En primer lugar, permite que se vaya consolidando la visión binocular, es decir, la visión coordinada a través de los dos ojos, aspecto esencial para la percepción de los volúmenes y las tres dimensiones. Asimismo, mientras gatea, se

*Cuando los niños gatean, se estimula la sensación táctil de las manos, aumenta la autonomía y madura su sistema visual.*

activa la visión periférica, que nos permite orientarnos en nuestro camino hacia un objetivo y discriminar las figuras del fondo. Por otra parte, mientras el niño gatea, estará acomodando continuamente su mirada, es decir, aplicando un «zoom» diferente en función de la lejanía del objeto al que de dirige, al mismo tiempo que a menudo mirará hacia sus manos para controlar el movimiento, lo que le permitirá empezar a calcular las distancias.

### ¿Qué podemos hacer para facilitar el desarrollo del gateo?

Como ya hemos señalado, la adquisición del gateo resulta clave para la maduración del niño, de modo que será importante facilitar que se desarrolle esta etapa. A continuación presentamos diferentes recomendaciones para potenciar el gateo.

- En primer lugar, si el niño a la edad que le corresponde no ha desarrollado de manera adecuada el gateo, conviene reforzar especialmente los movimientos anteriores de rotación segmental y reptado, asegurándonos de que se realicen correctamente y proporcionando muchas oportunidades para que se asienten, ya que representan la base para el desarrollo del gateo.

- Cuando el niño intenta gatear, pero no es capaz de mantener su peso en posición cuadrúpeda, resulta muy recomendable realizar un movimiento rítmico en el que acompañemos el ejercicio del niño desde la cintura, de modo que el movimiento que realicemos discurra desde que está sentado sobre sus rodillas hasta que se coloca en posición de gateo, realizando el movimiento hacia delante y hacia atrás de forma repetida.

- Otra forma de ayudar al niño a gatear consiste en ponerse a su lado y gatear junto a él. El desplazamiento se puede realizar sin ningún tipo de objetivo o bien detrás de una pelota o algún objeto que llame la atención del niño.

- Por último, otra forma de potenciar el gateo es colocando un cojín, a ser posible de forma cilíndrica, debajo de su abdomen, de modo que forcemos ligeramente la posición de gateo. Si colocamos frente a él un juguete atractivo para él, intentará hacer los movimientos necesarios para poder llegar hasta el objeto, lo que le ayudará a tonificar su musculatura y percibir la sensación de gateo sobre las rodillas y las manos.

### El gateo sobre manos y pies

El gateo sobre manos y pies constituye una fase breve que sirve de puente entre el gateo y andar. Tiene lugar aproximadamente hacia el onceavo mes o incluso antes, pero normalmente convive con el gateo sobre manos y rodillas una vez que este se encuentra bien asentado. En este tipo de desplazamiento, el niño sitúa el peso de la gravedad por primera vez sobre sus pies, aunque sigue apoyándose en las manos, ya que aún no puede mantener el equilibrio sobre sus pies o este es muy débil. Normalmente, el pequeño suele usar este movimiento cuando su gateo está ya bastante desarrollado y utilizará el gateo sobre manos y pies para salvar algún obstáculo que encuentre en el suelo.

Para animar a los niños a gatear, los padres pueden colocar algunos juguetes lejos de su alcance o jugar a gatear junto a ellos.

La importancia de este tipo de desplazamiento reside en que se trata de la primera vez en la que el niño siente su pie en el suelo como fuerza de impulso, lo que le ayudará a madurar sus pies y a tonificar sus piernas. Sin embargo, muchos niños pasarán por esta etapa de manera efímera sin que tenga gran importancia en su desarrollo psicomotor, pero siempre será mejor seguir el curso natural, ya que ayuda a que el proceso posterior madure de forma más plena.

### ¿Qué podemos hacer para facilitar el desarrollo del gateo sobre manos y pies?
Para potenciar el desarrollo de este tipo de gateo podemos realizar las siguientes actividades:

• Si colocamos en el suelo algunos objetos que el niño tenga que sortear para poder pasar, provocaremos que se incorpore y, si ya es capaz, gateará sobre sus pies y manos con el fin de poder sortear el obstáculo que encuentre en su camino. El obstáculo puede ser una almohada, o podemos interponernos nosotros mismos tumbados o sentados en el suelo a modo de obstáculo entre donde se halla el niño y aquel objeto que quiere conseguir, que puede ser una pelota o algún juguete que le llame especialmente la atención.

• Asimismo, se puede provocar la aparición del gateo sobre manos y pies cuando cogemos al niño por la cintura mientras está gateando y de este modo le obligamos a que eleve la cintura y se apoye sobre los pies y las manos. Este tipo de actividad no se debe hacer muy a menudo, ya que solo sirve para que el niño adquiera una nueva sensación en el movimiento más que para instaurar este tipo de desplazamiento en sí.

## SABER +

El suelo, que será la superficie básica desde la que los pequeños realizarán sus primeros movimientos, debe cumplir una serie de requisitos para que resulte idóneo para el desarrollo del niño. Probablemente no todos los hogares puedan cumplir todas las condiciones, pero es bueno tenerlas presentes. En este sentido, conviene señalar que el suelo debe estar:

• **Limpio.** De este modo aseguramos que esté libre de gérmenes y que el pequeño no enferme.
• **Cálido.** Así, debemos tener en cuenta que el niño inicialmente precisa una temperatura más elevada, que podremos ir reduciendo progresivamente.
• **Seguro.** Es importante que no tengamos en el suelo ningún tipo de elemento que pueda provocar un daño accidental en el niño, como un jarrón que pueda caer o los cantos de los muebles.

Asimismo es importante cubrirlos o retirarlos. También debemos ser cuidadosos con los enchufes (podemos colocar protectores) y los marcos de las puertas, para los cuales también existen diferentes tipos de protectores.
• **Plano.** En los primeros movimientos, y hasta que el niño no haya desarrollado un buen gateo, no será capaz de pasar por encima de obstáculos, así que hasta ese momento el suelo debe estar lo más plano posible.
• **Blando o no excesivamente duro.** En este sentido, son especialmente recomendables los suelos de moqueta, aunque un pavimento de parquet no resulta demasiado duro; no obstante, si tenemos un suelo más duro, podemos usar planchas de espuma que permitan al niño sentirse cómodo en el suelo y eviten que las rodillas se lastimen al gatear (aunque, generalmente, no suele hacerse daño).

## Andar

El hecho de ponerse de pie supone un momento determinante tanto para el niño como para la especie humana en general, ya que precisamente esta habilidad ha resultado fundamental en nuestra evolución. Ponerse de pie y poderse desplazar supone liberar las manos para poder hacer un gran número de tareas, la mayoría de las cuales son específicamente humanas, como el uso de herramientas; asimismo, implica poder desarrollar las manos de forma tan específica que nos permitan realizar movimientos tan precisos como los propios de la escritura o del dibujo.

Cuando el bebé ya sea un experto gateador, cada vez estará más preparado para ponerse de pie, lo que constituye uno de los pasos cumbre del desarrollo psicomotor. Por regla general, los niños empiezan a ponerse de pie alrededor del año, aunque algunos lo harán más temprano y otros más tarde. No obstante, lo más relevante será que ya hayan pasado por todas las etapas anteriormente descritas, lo que favorecerá que su progreso sea el más correcto posible y que no deba realizar compensaciones motrices que dificulten el proceso.

En un primer momento, el niño empezará a ponerse de pie con la ayuda del mobiliario que encuentre a su alrededor, a menudo en busca de alguna cosa que llame su atención, ya sean sus padres o bien algún juguete u objeto de su interés. No obstante, su equilibrio aún será muy débil y precisará mantenerse agarrado de aquel elemento hasta que caiga al suelo y vuelva a gatear; de este modo aprenderá a caer de forma correcta, sin lastimarse, algo que difícilmente podrá aprender un niño que aprenda a caminar con un caminador. En un primer momento, el bebé preferirá la marcha lateral, es decir, andar dando pasos hacia el lado, ya que de este modo puede mantener el equilibrio apoyado en algún elemento. Con la práctica, el niño irá adquiriendo un mayor control de esta nueva situación e irá madurando su equilibrio sobre sus pies, lo que le permitirá empezar a dar sus primeros pasos, sujeto a algún elemento. En este momento podrá empezar a andar cogido de ambas manos por parte de sus padres, aunque debe ir practicando solo, puesto que le facilitará adquirir confianza sobre sus pasos.

Poco a poco podrá caminar cogido de una sola mano, hasta que finalmente consiga andar solo sin ningún tipo de apoyo. En estos primeros momentos conviene estar especialmente atentos, puesto que su equilibrio es todavía débil y puede caer con facilidad, de modo que tendremos que seguir estando atentos mientras practica su desarrollo psicomotor.

Más adelante, la marcha humana terminará de perfeccionarse, alrededor de los 3 años, cuando aparece la marcha cruzada, es decir, cuando en el movimiento de andar al avanzar una pierna avanzamos la mano contraria y viceversa. A partir de aquí, el equilibrio del niño será mucho más

Tras la etapa de gateo, el niño intentará ponerse en pie y pronto dará sus primeros pasos de forma que cada vez será más independiente.

seguro y esto le permitirá poder empezar a correr de forma más o menos coordinada, e incluso saltar, la actividad motriz más opuesta a la fuerza de la gravedad.

### ¿Qué podemos hacer para facilitar el desarrollo de caminar?

Facilitar el proceso de caminar es una de las tareas más delicadas que debemos afrontar, puesto que para que el niño se encuentre debidamente preparado para caminar es necesario que haya completado y practicado, durante largos periodos de tiempo, las fases anteriores, especialmente la del gateo, que es la que facilitará el paso hasta que el niño consiga ponerse de pie. No obstante, este hecho no evita que cuando el niño empiece a estar preparado para dar sus primeros pasos no lo pueda hacer cogido de las manos de sus padres, primero de las dos manos y luego de una sola.

Así pues, una primera recomendación consiste en proporcionar al niño las máximas oportunidades de gatear, intentando limitar lo menos posible sus movimientos en este sentido.

Una actividad que podemos hacer cuando el niño empieza a ponerse de pie con ayuda es cogerlo por la parte posterior de la cintura, y flexionando sus piernas hacia abajo, procurar que los pies se mantengan planos sobre el suelo, para después volverlo a incorporar. Este ejercicio se puede realizar repetidas veces, ya que ayuda al niño a tonificar sus piernas, facilita que caiga de forma correcta y le proporciona una mayor sensación de los cambios de tono muscular en las piernas.

Otra actividad que podemos hacer con la finalidad de facilitar la percepción de los movimientos en las piernas y su tonificación consiste en la realización de los siguientes ejercicios de piernas:

- Con el niño en posición supina, coger el pie derecho y, dando estímulo al dedo gordo del pie, realizar una flexión de la pierna, para luego realizar el mismo ejercicio en la otra pierna y así sucesivamente. Resulta interesante realizar este tipo de ejercicio siguiendo el ritmo de una canción, lo cual estimulará, a su vez, la percepción del ritmo en su cuerpo.

- Otro ejercicio en la misma posición, pero dejando libre el dedo gordo, proporciona estímulo al resto de los dedos del pie. Implica un movimiento de rotación de la pierna derecha flexionándola hacia el lado para luego rotar la pierna hasta que se coloca en posición recta y se vuelve a la posición inicial. El ejercicio se debe repetir con la pierna izquierda. Resulta interesante practicarlo siguiendo el ritmo de una canción infantil, como se ha comentado anteriormente.

- Por otra parte, las diferentes estrategias proporcionadas en el apartado sobre cómo potenciar el desarrollo psicomotor son válidas para estimular el desarrollo de la marcha por su carácter global, puesto que estimulan la percepción del cuerpo y los sentidos vestibular y del equilibrio.

## Correr y saltar

Las fases culminantes del desarrollo del niño tienen lugar cuando es capaz de correr de forma coordinada y cruzando los movimientos de las extremidades superiores e inferiores. Asimismo, otro punto determinante consiste en cuánto son capaces de avanzar los niños saltando y alternando entre pierna y pierna. La capacidad de realizar este movimiento de forma coordinada nos indicará una muy buena madurez del sistema psicomotor, ya que, además de la adquisición de una adecuada fuerza antigravitatoria, también nos mostrará una correcta coordinación entre los dos lados del cuerpo, puesto que, además del uso alterno de las piernas, también estas estarán cruzadas con el movimiento de los brazos.

Otra manifestación del salto, y que implica un desarrollo coordinado entre las

Los niños culminan su desarrollo psicomotor cuando son capaces de correr y de saltar, lo que implica una coordinación entre brazos y piernas.

extremidades superiores e inferiores, es el salto a la comba, en el que el movimiento de los brazos debe ir coordinado con el de los pies, pero cada uno realiza una función diferente, lo que implica una disociación muy importante, así como una adecuada percepción del ritmo.

Después de las acciones de correr y saltar, el resto de las adquisiciones que realizará el niño serán perfeccionamientos de estos movimientos, o bien funciones concretas para algún tipo de práctica de un deporte o habilidad especial; por ejemplo, en el fútbol perfeccionará el funcionamiento y la precisión de las piernas, así como el equilibrio y la resistencia, mientras que en el tenis se madurará especialmente el movimiento de brazos, pero también se mejorará la carrera y, en ambos deportes, será necesario madurar la percepción del espacio y el cálculo de distancias.

## La lateralidad

Otro punto determinante en el desarrollo del niño será la adquisición de la lateralidad, es decir, la posesión de unas dominancias claras en relación con el uso de la mano, el ojo, el oído y el pie. El proceso de lateralización no culmina hasta los 6 o los 7 años, momento en el que el niño debe tener bien establecidas sus dominancias. Así, es importante tener en cuenta que no resulta recomendable obligar a ningún niño a que utilice una mano u otra, ya que forzar el uso de una mano determinada puede inducir al error en el desarrollo de la lateralidad del pequeño, lo que a posteriori podría conllevar dificultades en el desarrollo del aprendizaje del niño.

Las dominancias laterales permiten al niño y al adulto que uno de los lados del cuerpo se desarrolle con mayor precisión, mientras que el otro lado ejercerá un papel complementario de la función que realiza el lado dominante; así, por ejemplo, en el uso de los cubiertos, la mano dominante utilizará el cuchillo mientras que otra mano sujetará con el tenedor la carne para que la mano

En los primeros meses, la lateralidad de los niños no está definida, por lo que utilizan indistintamente ambas manos.

dominante pueda cortar bien. Lo mismo, pero de forma menos gráfica, sucede con nuestros oídos, ojos y pie.

Ocurre de forma idéntica con nuestro cerebro. Poseemos dos hemisferios cerebrales y cada uno de ellos procesa la información de una manera diferente y, al mismo tiempo, gestiona uno de los lados del cuerpo: el hemisferio izquierdo el lado derecho y viceversa. Así pues, cuando estamos plenamente lateralizados, uno de nuestros hemisferios será el dominante, mientras que el otro ejercerá un papel complementario totalmente necesario.

Las referencias espaciales que poseemos dependen en gran medida de nuestra lateralidad, ya que nuestro lado dominante es el que nos sirve como eje desde el que orientarnos en el espacio.

## ¿Qué podemos hacer para potenciar la lateralidad?

La primera recomendación consiste en intentar asegurarnos de que el proceso psicomotor se haya realizado de la forma más adecuada posible, puesto que el asentamiento de las bases psicomotoras será la clave para que el niño tenga una buena noción de su propio cuerpo y le permita asumir la madurez que la lateralidad supone para el sistema nervioso.

No obstante, podemos emplear diferentes juegos que faciliten la adquisición de las dominancias laterales, especialmente la manual, la más fácil de potenciar; sin embargo, nunca debemos potenciar una sola mano, sino que tenemos que fomentar las dos con el mismo énfasis para que, de este modo, el niño pueda elegir de forma natural cuál es su mano dominante. Algunas de las actividades que podemos realizar son:

Juegos que impliquen el uso de pelotas, ya sean éstas grandes y que se puedan usar con los pies o bien más pequeñas para manejarlas con las manos. Se pueden hacer muchos juegos, como lanzarse la pelota el uno al otro con el pie o con la mano, sentados o de pie; comprobar la puntería que se tiene; contar los botes que se hace con cada mano; y jugar a encestar la pelota, entre un gran número de juegos.

- Jugar a palmear globos.

- Modelar plastilina o barro para hacer figuras con ambas manos.

- Descubrir de dónde procede un sonido.

- Escuchar el suelo. Podemos hacer ritmos en el suelo y el niño debe repetirlos.

- Saltar a la pata coja.

- El juego de la rayuela.

Los juegos con pelotas o globos facilitan la adquisición de las dominancias laterales, especialmente la manual.

- Los juegos que se exponen en el apartado que trabaja la competencia manual también son de utilidad para el trabajo de la lateralidad.

# Estrategias generales para potenciar el desarrollo psicomotor

En términos generales, todo aquello que suponga movimiento será una buena forma de estimular el desarrollo psicomotor del niño. Es importante tener en cuenta que antes del movimiento debemos poseer la percepción de este, es decir, que antes de que podamos ejecutar un movimiento de forma precisa primero lo habremos practicado muchas veces y habremos percibido con nuestros diferentes sentidos aquello que resulta eficaz y aquello que no lo es. A modo de ejemplo, una persona que esté aprendiendo a jugar al tenis debe entrenar repetidas veces antes de poder desarrollarse de forma satisfactoria en este deporte, precisará percibir con qué fuerza debe golpear la pelota, cómo debe colocar la mano en la empuñadura de la raqueta antes de impactar con la pelota, qué posición deben ocupar sus pies cuando se dispone a sacar, tendrá que conocer las dimensiones de la pista y así hasta un largo etcétera mediante el cual podrá conseguir a base de la experimentación unos resultados más o menos adecuados.

El niño precisa más o menos un proceso similar antes de poder desarrollar de manera conveniente sus movimientos, necesita sobre todo poder percibir correctamente dónde está cada parte de su cuerpo, qué función puede realizar cada una de ellas en relación con el resto del cuerpo y qué tipo de movimientos le pueden facilitar. Asimismo, precisará ir adquiriendo mayor conciencia del espacio que le rodea para poder calcular las distancias y no tener accidentes. Así pues, los aspectos más importantes que debemos tener en cuenta en el momento de estimular el desarrollo psicomotor se refieren

al control de la cabeza y, por otro lado, a la noción de todas las partes del cuerpo, lo que facilitará que pueda desarrollar sus movimientos de forma paulatina.

A continuación presentamos diferentes estrategias que os pueden resultar de gran utilidad para la estimulación psicomotora de vuestros hijos de forma global, además de aquellas actividades que hemos señalado como creadoras de movimientos concretos. Todas las actividades no tienen más fecha de caducidad que la que supone un desarrollo psicomotor óptimo, es decir, cuando el niño, tras haber pasado por todas las etapas, es capaz de realizar la marcha cruzada, saltar y correr de forma coordinada con ambos pies.

- Una primera recomendación básica para el buen desarrollo psicomotor del niño es colocarlo boca abajo en el suelo desde una edad temprana, aunque todavía sea incapaz de reptar, ya que de este modo el niño irá ejercitando toda la musculatura de la espalda y el cuello, que resulta determinante para la adquisición del control de cabeza, al mismo tiempo que fomenta la adquisición de los primeros movimientos de arrastre. Asimismo, mientras el niño está en posición prona, puede visualizar todo aquello que le rodea, de manera que puede asociar los ruidos con aquello que los produce y tener muchísimos estímulos visuales atractivos al alcance de su vista y a diferentes distancias, lo que estimulará sus primeros movimientos para intentar desplazarse hacia el objeto deseado.

- Otro tipo de actividad que puede resultar muy estimulante para el desarrollo psicomotor resulta el uso de hamacas, preferiblemente aquellas que puedan moverse en todas las direcciones (detrás–delante; izquierda–derecha y en círculos). En la hamaca se puede colocar al niño solo para proporcionarle estímulo de movimiento desde fuera; sin embargo, si tiene miedo o le resulta incomodo, el mismo ejercicio se puede realizar en el regazo de uno de los padres.

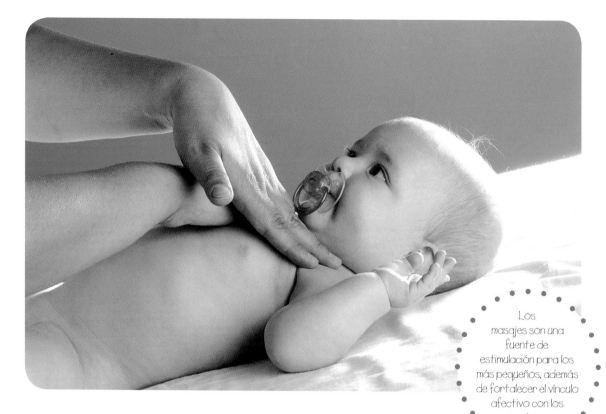

Los masajes son una fuente de estimulación para los más pequeños, además de fortalecer el vínculo afectivo con los padres.

- Los masajes que podemos proporcionar a nuestro bebé después del baño, después de cambiarlo, o antes de irse a dormir, son una excelente herramienta de estimulación para los pequeños en diferentes sentidos: en primer lugar, ayudan a fortalecer el vínculo afectivo con los padres; en segundo lugar, permiten que el niño se relaje, lo que resulta útil, sobre todo cuando el niño se encuentra inquieto o puede estar molesto; en tercer lugar, la estimulación del sentido táctil de todo el cuerpo proporciona al niño una mayor sensación y conocimiento de su propio cuerpo, por lo que es especialmente interesante dedicar cierto tiempo a las extremidades, dando especial énfasis a las manos y a los pies. Así, la propia sensación y conocimiento de su cuerpo facilitarán a posteriori la exactitud de sus movimientos, al mismo tiempo que estimulará sus movimientos naturales.

- Todas aquellas actividades que impliquen mecer al bebé son grandes estimuladoras del movimiento, sobre todo porque potencian el movimiento de la cabeza (sistema vestibular y del equilibrio), al mismo tiempo que del resto del cuerpo (sistema táctil), lo que conlleva la coordinación de ambos movimientos, que posteriormente estimulará los movimientos propios del niño. Podemos mecer al niño en posición estática, es decir, sentados en un balancín o bien en una silla o sofá normal; no obstante, la estimulación resultará más eficaz si mecemos al niño al mismo tiempo que nos desplazamos por el hogar.

- Otra forma de estimular los movimientos de los bebés consiste en balancear al niño en diferentes posiciones y en distintas direcciones. Lo podemos realizar con el niño colocado encima de una manta o una almohada que sujete su peso. De este modo lo podremos inclinar hacia delante, hacia atrás y hacia los lados. Otra forma de balancearlos es cogerlos desde debajo de los brazos y levantarlo y moverlo en diferentes direcciones. Otra manera de realizar el balanceo consiste en coger al niño de una pierna y el brazo del mismo lado, balanceándolo hacia ambos lados; después se debe realizar el mismo ejercicio desde el otro lado. Asimismo, el balanceo se puede realizar cogiendo al bebé de ambos pies y balancearlo hacia ambos lados; también se puede realizar el mismo ejercicio con las manos.

## Caminadores o andadores. No, gracias

Paulatinamente, el uso de caminadores o andadores ha ido desapareciendo por diferentes motivos que hacen patente que el empleo de estos instrumentos puede resultar más perjudicial que beneficioso. De hecho, según distintos estudios, no son eficaces ni para aquello para lo que inicialmente se concibieron, es decir, para facilitar el paso cuando los niños comienzan a caminar, puesto que los estudios demuestran que los niños que han aprendido a andar con caminadores tardan más en hacerlo que aquellos que aprenden a andar sin ningún tipo de apoyo, ya que andar con el caminador resulta mucho más sencillo que hacerlo sin apoyo y, por tanto, la falta de entrenamiento en este sentido les dificultará sus logros.

No obstante, existen otros motivos que nos llevan a desechar el uso de los caminadores. Un primer motivo importante es que hace que se tenga que colocar a los niños en una posición para la que todavía no se encuentran madurativamente preparados. El niño no ha tenido tiempo de madurar la tonicidad de sus piernas de forma suficiente, ni tampoco habrá madurado lo necesario sus pies; además, no habrá desarrollado lo suficiente su equilibrio, puesto que probablemente no ha podido potenciar su control de cabeza, que madura especialmente en la etapa de gateo. Además, como el andador ejerce la función de proporcionar equilibrio al niño, este difícilmente se desarrollará por sí mismo, ya que el pequeño no experimentará las mismas sensaciones que cuando empieza a ponerse de pie por sus propios medios. De esta forma, el niño probablemente tampoco aprenderá a caer correctamente, con lo cual a posteriori puede lastimarse, ya que no controla la pérdida de equilibrio de manera adecuada.

Por otra parte, es importante tener en cuenta que el uso del caminador difumina la noción que el niño tiene de su propio cuerpo, ya que cuando lo usa, el andador pasa a formar parte de él mismo, con lo que no percibirá si colisiona con la pared o algún objeto, lo que puede alterar sus nociones de espacio y el cálculo de distancias. Además, mientras el niño gatea o se arrastra, va percibiendo constantemente su cuerpo y sus límites mediante la fricción con el suelo, aspecto que dejará de advertir mientras usa el caminador.

## UN PEQUEÑO CONSEJO

En el caso que los padres opten por seguir utilizando el caminador, se considera recomendable seguir las siguientes indicaciones:

- No dejar al niño durante más de 30 minutos diarios en el caminador.
- Vigilar que los dos pies lleguen planos al suelo.
- No ponerlo en el caminador antes de que sea capaz de sujetar adecuadamente su cabeza.
- Estar alerta de que en el lugar en el que esté no haya escaleras, así como bordes de muebles con los que pueda tener un accidente.
- Supervisar siempre el uso del caminador.

Por otro lado, teniendo en cuenta que el niño al estar en el caminador no tendrá muchas oportunidades de hallarse en el suelo, esto puede provocar que muchas de las habilidades que maduran mientras el niño se arrastra y gatea no se podrán desarrollar de manera adecuada. A modo de ejemplo podremos ver que el trabajo de coordinación que realiza el niño entre la mano y el ojo durante sus 3 meses de gateo no habrá tenido lugar, puesto que cuando el niño se pone de pie en un caminador puede hacer un uso muy escaso de sus manos, con lo que esta estimulación no se trabajará lo necesario.

Otro punto que se debe tener presente es que el caminador, al forzar una posición para la que el niño no se encuentra preparado, es muy probable que el apoyo de los pies no se realice correctamente, lo que podrá conllevar dificultades posteriores al caminar.

### En el parque, sólo un rato

Se trata del parque entendido como el utensilio que se emplea en el interior de la casa, y en el que podemos dejar al niño con sus juguetes sin que nos debamos preocupar de que se pueda hacer daño.

El parque no es en sí malo para el desarrollo del niño; sin embargo, lo priva de desarrollar su movimiento de forma libre, ya que limita sobremanera sus movimientos. Así, es recomendable que el niño no permanezca en él durante periodos muy prolongados, ya que aunque supone un elemento que nos puede conferir cierta seguridad, no facilitará el desarrollo del niño.

Por otra parte, debemos tener en cuenta que es muy frecuente que como el niño no puede moverse demasiado en el interior, intente ponerse de pie e intentar trepar, y aunque no es perjudicial que intente ponerse de pie, sí puede serlo que lo haga prematuramente sin haber tenido

las oportunidades necesarias para desarrollar los movimientos previos, como el arrastre o el gateo.

Asimismo, el hecho de permanecer en el parque puede suponer una ligera privación sensorial, ya que limita en gran medida las oportunidades sensoriales a las que puede acceder el niño al encontrarse encerrado en el parque.

## UN PEQUEÑO CONSEJO

En términos generales, los niños no suelen ser perezosos, sino todo lo contrario: los bebés tienen gran curiosidad y ganas de aprender, hecho que facilita su maduración en todos los sentidos.

Así, del mismo modo que nos alarmamos si un niño no come o no duerme, también debemos tener en cuenta que, si el niño no tiende a desarrollarse en el ámbito motriz y muestra muy poca tendencia al movimiento, esto nos puede indicar que algún aspecto no está madurando de manera adecuada, con lo que es importante acudir a un especialista que nos pueda orientar. Es muy recomendable acudir cuanto antes en el caso de que existan sospechas de que algo no va bien, ya que cuanto antes se empiecen a potenciar aquellos aspectos en los que el niño pueda presentar dificultades, mejor pronóstico tendrán.

# El desarrollo de la competencia manual

El uso de las manos en toda su amplitud, es decir, con la multitud de funciones para las que las utilizamos, es el aspecto más determinante de la evolución del ser humano y que nos ha permitido alcanzar habilidades tan especializadas como la escritura o la realización de micromovimientos como los que puede realizar un cirujano mientras opera a un paciente.

No obstante, como otras muchas habilidades, el ser humano no nace con ellas plenamente desarrolladas, sino que para poder llegar a ser hábil con sus manos deberá pasar por una serie de fases que le permitirán adquirir progresivamente su especialización.

El dominio de la mano se iniciará con el reflejo palmar o de agarre que tiene lugar cuando ponemos algún estímulo sobre la palma de la mano del bebé, que se cerrará. En esta primera etapa, el bebé todavía no ejerce ningún tipo de control sobre la mano y esta actúa solo de forma refleja. Así, el bebé solo soltará por fatiga aquello que coloquemos en su mano. El control de la mano se iniciará cuando sea capaz de soltar a su antojo aquel objeto que le hemos facilitado o que ha cogido, y esto no ocurrirá hasta las 10 semanas aproximadamente. Este paso resultará vital para el niño, ya que le permitirá dejar caer las cosas. Así, por ejemplo, si agarra un objeto que pincha, podrá soltarlo inmediatamente para no hacerse daño, cosa que no podía hacer hasta el momento. En estos primeros momentos no será realmente la mano la que dirija sus movimientos, sino que se tratará del brazo y la mano como una articulación única.

En el dominio de la mano, el niño irá consiguiendo más fineza a medida que el tipo de pinza, necesario para coger las cosas, vaya progresando. En un primer momento, su pinza será totalmente palmar, y cogerá los objetos con toda la palma de la mano (hacia los 4 meses); más adelante, empezará a oponer su pulgar al resto de los dedos (hacia los 7 u 8 meses), luego realizará la pinza con el dedo pulgar y de forma progresiva con menos dedos, hasta que consiga realizar la pinza con el dedo pulgar y el índice, que es la más evolucionada y eficaz.

En el desarrollo de la mano también jugarán un papel determinante los diferentes movimientos que realiza el niño durante su desarrollo; por ejemplo, el gateo provocará que el niño apoye toda la fuerza sobre la palma de la mano y las rodillas, lo que proporcionará una mayor sensación de reconocimiento de la mano y ayudará a la integración de los reflejos de la misma. Asimismo, en movimientos como el arrastre o el gateo sobre manos y pies realizará una función similar, que también influirá en el desarrollo de la tonicidad muscular de brazos y manos.

Jugar con la arena favorece la experimentación de los niños y la utilización de las manos de forma más o menos fina.

Esta progresión marcará el dominio posterior de la mano, que se podrá ir reforzando con juegos como los que proponemos a continuación y que preparan el camino para la aparición de las destrezas manuales más finas, como la escritura y el dibujo.

## Juegos que pueden favorecen el desarrollo de la competencia manual

Existe un gran número de juegos y actividades que pueden favorecer el desarrollo de la mano y ayudar a que el funcionamiento de esta sea lo más fino posible. Algunos de los juegos y actividades que podemos emplear antes del primer año del bebé son los siguientes:

- Canciones tradicionales o poemas que hagan referencia a las manos y en los cuales se realicen actividades con ellas, como los *Cinco lobitos* y otras. Estas canciones resultarán agradables para el niño, al mismo tiempo que los estímulos táctiles que proporcionamos a cada uno de los dedos facilitarán al niño un mayor conocimiento de su mano.

- Muñecos de trapo con diferentes texturas que se pueden colocar en la parte delantera del cochecito o también en móviles encima de la cuna o en la manta de juego en el suelo. Las distintas texturas proporcionarán diversas sensaciones al niño, lo que favorecerá el desarrollo del sentido del tacto, al mismo tiempo que cuando el niño acerca su mano al muñeco iniciará la coordinación con la mano y el ojo.

- Un juego que encantará al bebé y además le servirá para fortalecer su musculatura será introducir nuestros dedos pulgares en cada una de sus manos y estimular su reflejo de agarre. Su mano se cerrará sobre nuestro dedo y, en ese momento, podemos levantarlo y mecerlo suavemente, mientras él hace la fuerza necesaria para poder sujetarse. Este juego puede realizarse de forma sistemática (2 o 3 veces al día) y ayudará en gran medida al bebé a desarrollar el control de las manos y su musculatura.

A partir del primer año, los juegos podrán ser, en términos generales, parecidos, aunque poco a poco la dificultad o complejidad irá aumentando conforme la habilidad manual del niño vaya madurando.

- Jugar a ensartar. Los clásicos juegos de ensartar anillas en un palo o bien en un hilo suponen un ejercicio muy interesante para la coordinación entre la mano y el ojo, al mismo tiempo que facilitan que el niño desarrolle la pinza manual. Asimismo, los juegos de ensartar diferentes tipos de figuras geométricas también potenciarán el desarrollo manual del niño y su familiarización con diferentes tipos de tamaños, texturas y formas.

- Juegos de pelota. Jugar con pelotas suele gustar a todos los niños y facilita el desarrollo de múltiples habilidades tanto manuales como, especialmente, de coordinación entre la vista y la mano. A través del juego con la pelota, los padres podrán ver cómo el niño va progresando en su habilidad, en aspectos como la puntería, los reflejos y, sobre todo, la coordinación entre la mano y el ojo. Asimismo, con deportes como el fútbol, también podemos potenciar el desarrollo del equilibrio y la coordinación entre ojos y pies.

- Jugar con la arena a hacer montañas, ya sea directamente con las manos o con herramientas, es un clásico que encanta a los niños y les sirve tanto para experimentar como para empezar a emplear las manos de forma más o menos fina gracias al uso de herramientas.

- Juegos de insertar piezas en un puzle. En un primer momento, son útiles los tableros con espacios, donde el niño debe colocar figuras que faltan para completar el dibujo. Estos tableros suelen ser de madera y, además de potenciar el uso fino de las manos y su coordinación con ellas, también nos pueden proporcionar posibilidades de tratar diferentes tipos de situaciones y vocabulario en función del tipo de tabla.

A partir de los 5 años recomendamos los siguientes juegos:

- El *mikado*, también llamado *juego de los palillos chinos*. Se trata de un juego clásico en el que se deben ir retirando los palitos de uno en uno de un montón sin que se mueva ningún otro que no sea el que queremos retirar. Este juego permite desarrollar la fineza de los movimientos manuales y la coordinación del movimiento de la mano con la vista.

- Los juegos de construcciones. Existen diferentes tipos de juegos de construcción, todos ellos muy estimulantes y ricos para el desarrollo del niño, ya que no tan solo ayudan a que este desarrolle su función manual, sino que también ejercen un cometido muy importante en el desarrollo de su capacidad de razonamiento perceptivo, su capacidad de orientación espacial, la planificación de sus tareas, la coordinación entre el ojo y la mano y la creatividad del niño. Un aspecto destacado que debe tenerse en cuenta en el momento de facilitar al niño juegos de construcción se refiere al tamaño de las piezas que puede emplear, de modo que, inicialmente, a partir de los 2 años, estas piezas tienen que ser muy grandes, mientras que, hacia los 5 o 6 años, su tamaño ya puede ser más reducido, lo que dificultará sus producciones, pero incrementará las posibilidades de realizar distintos tipos de construcciones.

- Jugar a identificar diferentes objetos solo con el tacto. Hay que introducir objetos dentro de un saco oscuro y el niño tiene que identificar el objeto. El juego se puede realizar con distintos objetos, dependiendo del grado de madurez del niño, desde objetos más grandes y más fácilmente reconocibles a objetos más pequeños, como animalitos que deba identificar. De este modo potenciaremos sobre todo el tacto manual de los niños y la percepción de diferentes formas, texturas, tamaños, dureza, las propiedades básicas que podemos percibir con las manos.

- Jugar con canicas con todos los dedos de las manos es una actividad muy buena para desarrollar la fineza y la movilidad de todos los dedos. Pero no resulta recomendable realizar esta actividad antes de los 4 o los 5 años, por los riesgos que puede comportar.

- El *tangram* es un juego de origen chino que consiste en realizar una serie de figuras a partir de diferentes piezas, en concreto 2 triángulos grandes, uno mediano y dos pequeños, un cuadrado y un trapecio. Se trata de un juego que potencia un número importante de habilidades cognitivas: orientación espacial, estructuración espacial, coordinación visomotora, atención, razonamiento lógico-espacial, percepción visual, memoria visual y percepción de figura y fondo.

Algunos juegos favorecen el desarrollo de la competencia manual debido a que requieren movimientos coordinados.

# EL JUEGO
# Y EL DESARROLLO
# DE LOS SENTIDOS

# EL JUEGO Y EL DESARROLLO DE LOS SENTIDOS

En el momento del nacimiento, gran parte de los sentidos del bebé están muy poco desarrollados. Le queda mucho camino por recorrer. En ese instante solo un sentido se encuentra más desarrollado que el resto, el de la audición.

Durante el embarazo, el sentido de la audición será el único que mantendrá en contacto al feto con el mundo exterior, pero también será una de las fuentes más importantes de conexión con su madre. De hecho, el sistema auditivo se encuentra prácticamente desarrollado de forma plena a partir de la vigésimo octava semana de la concepción. Aunque el líquido amniótico distorsionará de forma constante la audición, podrá escuchar la voz de su madre, los latidos de su corazón y los ruidos de sus vísceras, y, de forma menos intensa, los ruidos o sonidos del exterior. No obstante, al sentido de la audición aún le queda un largo camino por recorrer, que resultará capital para el desarrollo del lenguaje.

También el tacto y el sentido del equilibrio estarán prácticamente preparados en el momento del nacimiento. Las sensaciones que proceden de estos dos sentidos resultarán claves para la situación del niño en el nuevo ambiente en el que se mueve con la gravedad como gran protagonista; así, le ayudarán a sentir las diferentes partes de su cuerpo y, junto con el sentido de la audición, serán sus principales sentidos para establecer contacto con el mundo exterior durante los primeros meses.

El sentido del tacto ejercerá, además, un papel fundamental en el desarrollo de los afectos del niño, ya que será la principal herramienta (junto con la audición) que usarán los padres para relacionarse con el bebé y gracias a la cual se sentirá amado y reconfortado por ellos.

El hombre, antes de poder realizar cualquier tipo de tarea, necesita sentir aquello que hace o los caminos que le conducirán a ello, ya que solo de este modo y mediante la experimentación será capaz de dar una respuesta más o menos adecuada. Estos caminos le permitirán hablar después de escuchar, mirar después de ver o andar después de percibir todo su cuerpo mediante el tacto y captar las bases del equilibrio.

Por este motivo, el bebé llega al mundo como un libro con muy pocas líneas escritas, tan solo aquellas que le permiten desarrollar conductas reflejas, y se encuentra con múltiples oportunidades, pero es incapaz de realizar prácticamente nada por sí mismo. Solo la maduración de los sentidos le permitirá acceder a las funciones más avanzadas del ser humano, como andar, hablar y pensar.

## El juego y el desarrollo de la audición

El juego ejerce un papel muy importante en el desarrollo de las habilidades auditivas básicas que resultarán esenciales para el correcto desarrollo del lenguaje. La correcta percepción del sonido y de sus matices será fundamental para que más adelante podamos comprender lo que nos están explicando o lo que está sucediendo a nuestro alrededor. Asimismo, la audición nos permitirá reconocer los diferentes sonidos de nuestra lengua, lo que constituirá el primer paso para poderlos producir conscientemente.

A lo largo del desarrollo del niño, el tipo de lenguaje que emplean los padres con sus hijos va cambiando sustancialmente, adaptándose instintivamente a las posibilidades y necesidades del niño. Las primeras interacciones se producen en un tipo de juego en el que priman las onomatopeyas, los ruidos o las canciones infantiles, ante las cuales el niño suele responder con risas o atención hacia el estímulo auditivo, que a menudo va acompañado de otro visual, ya sea la cara del adulto o el objeto que realiza el ruido. Las principales características que debe tener el primer lenguaje tienden y deben ser:

• Frases cortas.

• Alargamiento de las vocales.

• Musicalidad en el lenguaje.

• Repeticiones.

• Énfasis en los elementos más relevantes.

No suele ser necesario acentuar estas características, ya que, en términos generales, se incorporan de forma natural en el habla de los padres con sus hijos.

Gracias al juego, a la música y al lenguaje, el desarrollo de la audición se irá afinando cada vez más, hasta constituir un instrumento fantástico para el desarrollo del ser humano. Nos permitirá aprender nuevas lenguas, comprender aquello que nos explican, aumentar nuestro vocabulario de forma asombrosa en muy poco tiempo y podernos expresar oralmente con facilidad.

*La música ayuda al desarrollo de la audición, necesaria para que el lenguaje progrese adecuadamente.*

## SABER +

Los niños, cuando vienen al mundo, están preparados para hablar y comprender cualquier lengua. De hecho, las primeras vocalizaciones reflejas de los niños son prácticamente las mismas en todos los rincones del planeta; solo el entorno condicionará la lengua final del pequeño. Asimismo, con cuantas más lenguas conviva el niño, más fácil le resultará su aprendizaje, siempre que esta convivencia se produzca bajo unas pautas adecuadas.

## La estimulación prenatal y posnatal con música clásica

Como se explicaba al principio del capítulo, la audición es uno de los sentidos que se desarrollan de forma más temprana. Y una de las herramientas más eficaces y saludables de que disponemos para estimular y mejorar el sentido de la audición es la música, especialmente la clásica.

La música tiene las mismas características que el lenguaje: ritmo, tono, timbre e intensidad, de manera que esta, y también las canciones, proporcionan una muy buena base para el desarrollo del lenguaje, al preparar el oído y el cuerpo para la percepción del lenguaje y sus diferentes frecuencias.

Aunque no existen evidencias científicas claras acerca de los beneficios que supone la audición de música clásica para el niño durante el embarazo, sí se ha podido observar que las madres y los bebés se muestran más relajados mientras escuchan música clásica, que el ritmo del corazón es más lento y que pronto se familiarizan con la música, de modo que después del nacimiento la reconocen fácilmente.

Para una buena estimulación musical, resulta importante la periodicidad de las exposiciones a la música, de manera que no es suficiente con exposiciones de forma accidental, sino que deben ser diarias y preferiblemente más de una vez al día. Existen muchos momentos del día que pueden aprovecharse para escuchar música: mientras conducimos, leemos o preparamos la comida, entre otras cosas. También conviene tener en cuenta los siguientes consejos:

- Empezar la estimulación de forma temprana, a ser posible desde el primer mes, aunque también se puede iniciar más tarde, aunque preferentemente antes de los 6 meses.

- No utilizar un número muy elevado de piezas. Es mejor que sean pocas y que se pueda familiarizar con ellas.

- Es recomendable que sean de tipo sinfónico, ya que emplean mayor número de instrumentos y, por tanto, intensidades y timbres diferentes, con lo que resultan más ricas para el desarrollo de la audición.

- La estimulación se debe realizar en momentos de tranquilidad y cómodamente.

- La música debe resultar agradable y atractiva para la madre.

- Las piezas sinfónicas de Mozart son, probablemente, las más indicadas por su riqueza, aunque se pueden utilizar piezas de Schubert, Vivaldi, Beethoven, Strauss…

La estimulación podrá continuar del mismo modo cuando el bebé ya haya nacido y ayudará a que este se calme. Además, a más largo plazo, potenciará en gran medida su audición, es decir, su capacidad para la discriminación y la percepción auditivas y del ritmo, y podrá ayudar a desarrollar sus aptitudes musicales y su interés por la música en términos generales.

## Las canciones infantiles

Las canciones desempeñarán un papel muy importante tanto en el desarrollo de las habilidades auditivas como en el propio del lenguaje. Las canciones proporcionan la oportunidad de vivir el lenguaje de otro modo, mediante el ritmo y la entonación, al mismo tiempo que constituyen un tipo de lenguaje diferente al que solemos utilizar con mayor frecuencia, con lo que potenciaremos el desarrollo del lenguaje en términos más generales. Al mismo tiempo, las canciones infantiles son una gran herramienta para tranquilizar al bebé y reforzar los vínculos afectivos con la madre, ya que fomentan la proximidad y la calidez.

En muchas ocasiones, las madres, cuando están con su bebé, recuerdan canciones de su infancia que les cantaban sus padres o que aprendieron en la escuela. Esas canciones servirán también para que el niño se relaje y se duerma; son las clásicas nanas.

## UN PEQUEÑO CONSEJO

En algunas ocasiones resulta recomendable revisar las letras de las canciones infantiles. Aunque la mayoría acostumbran a ser agradables e inocuas, algunas pueden contener mensajes que no nos parezcan del todo pedagógicos, ya sea porque proceden de tiempos remotos o porque el mensaje que proporcionan puede infundir temores en el niño, aunque se hayan utilizado durante mucho tiempo, como la nana que termina con «...o vendrá el coco y te comerá».

Otras serán útiles para juegos de grupo, como las que se cantan para saltar a la comba o en bailes grupales como el popular «Corro de la patata». Son conocidas «Tengo una muñeca vestida de azul...», «Un elefante se balanceaba sobre la tela de una araña...», «La luna lunita no quiere cantar...» o «Tengo una vaca lechera, no es una vaca cualquiera...», entre otras muchas.

Es importante que la estimulación musical tenga lugar durante los primeros años, así se favorecerá la capacidad de percepción auditiva.

### Los cuentos infantiles

Los cuentos son una fuente prácticamente inagotable de aprendizaje para los niños, quienes suelen disfrutar con ellos, tanto de aquellos que van acompañados de ilustraciones como de los que les pueden contar sus padres, sus abuelos o sus maestros.

Las historias narradas, además de despertar la imaginación de los niños, permiten la descontextualización del lenguaje, es decir, hablar de situaciones, personajes, tiempos y lugares muy distantes del momento actual. Esto posibilita que el niño adquiera nuevo vocabulario, comprenda las relaciones de causa-efecto, se familiarice con las diferentes formas de entonación del lenguaje y, lo más importante, que disfrute del lenguaje y alimente su curiosidad por el mundo y también por la lectura.

Además, del mismo modo que cuando son más pequeños se reconfortan cuando les cantan una nana que les facilita el sueño, a partir del año y medio, explicarle un cuento antes de irse a dormir proporciona un momento de sosiego y tranquilidad muy interesante que, por otro lado, puede ayudar en buena medida a potenciar el vínculo afectivo entre padres e hijos.

Los cuentos son una fuente inagotable de aprendizaje para los niños, que disfrutan de las historias narradas por sus padres.

Podemos utilizar cuentos clásicos como los de los hermanos Grimm y también cuentos actuales, que tratan sobre aspectos más contemporáneos; incluso podemos encontrarlos agrupados por temas que pueden ayudar a solventar algunas situaciones o momentos problemáticos, como el control de esfínteres o tratar algunos miedos infantiles, entre otras cosas. También existen cuentos específicos que pueden ayudar a explicar situaciones como el nacimiento de un nuevo hermano o la adopción, por ejemplo. Los cuentos, en este sentido, nos permiten alejarnos ligeramente del problema del niño y lo pueden aproximar a posibles soluciones y a diferentes formas de vivir la situación en concreto.

Algunos juegos que giran en torno a los cuentos infantiles son:

- **Inventar cuentos.** A partir de los 5 o los 6 años, el niño ya empieza a estar preparado para crear a partir del lenguaje, de manera que podemos

empezar a jugar a inventarnos cuentos conjunta-mente. Al principio no les resultará nada fácil, ya que para ellos la noción temporal y de secuencialidad de los acontecimientos aún les resulta muy difícil, pero poco a poco irán dominando más estas nociones. Para los juegos de invención de cuentos, sobre todo al inicio, resulta muy importante proporcionar al niño modelos, es decir, que el niño vea cómo se puede hacer. Es recomendable empezar con cuentos que le sean familiares, ya que así podrá apreciar los cambios que introducimos en los cuentos. Asimismo, cuando empecemos a jugar a inventar cuentos resulta básico que le proporcio-nemos los elementos necesarios para crear el cuento, como los personajes y un punto de partida. También será muy oportuno que establezcamos turnos, de modo que cada uno vaya inventando un trozo del cuento. Así podremos ir redireccionando el cuento y dándole sentido si lo precisa. Inventar cuentos permite disfrutar un buen rato, ya que suele dar lugar a situaciones divertidas, pero, al mismo tiempo, potenciaremos en muchos sentidos el desarrollo del lenguaje del niño, mientras estimulamos su creatividad y su imaginación.

- **Reinventar el final.** Otro juego interesante que se puede realizar con los cuentos consiste en reinventar el final de cuentos conocidos. En este caso también resulta muy importante proporcio-nar ejemplos y modelos al niño para que él los pueda reproducir. Así, mediante un cuento perfectamente conocido por el niño, podemos buscar formas diferentes de terminarlo, ya sea introduciendo personajes nuevos, variando hechos importantes en la narración, etcétera.

- **Representar cuentos.** Este juego resulta excelen-te cuando hay un grupo de niños entre 6 y 9 años. Les encantará disfrazarse, escoger a los personajes, preparar las diferentes escenas y, sobre todo, representarlo delante de adultos. Generalmente, será necesaria la participación

A los niños les encanta disfrazarse y representar personajes. Es un juego que despierta su creatividad e imaginación.

**SABER +**

Conviene tener en cuenta que hasta los 6 años los niños suelen confundir con facilidad fantasía y realidad, de modo que a menudo nos podrán contar una historia como si la hubieran vivido en primera persona, mientras que los padres saben o intuyen perfectamente que pertenece al mundo de su imaginación.

de algún adulto que los ayude a organizarse y a evitar que haya peleas para escoger a los personajes o los disfraces. La representación un excelente juego de creatividad en la búsqueda de recursos para disfrazarse a partir de objetos cotidianos. Puede ser muy útil para niños tímidos que, tras la fachada de un personaje, pueden encontrarse muy cómodos y mostrarse más desenvueltos. En estos casos, si no quieren participar, a veces resulta contraproducente forzarlos a hacerlo.

## Los juegos del lenguaje y la audición

Existen numerosos juegos que nos permiten estimular al mismo tiempo el lenguaje y la audición, ya que, como hemos ido comentando a lo largo de este capítulo, son aspectos que se encuentran íntimamente ligados. Todos aquellos juegos que desarrollemos implicando diferentes funciones del lenguaje, como la memoria, la pronunciación o la comprensión, además de potenciar el desarrollo lingüístico, estarán activando el procesamiento auditivo de la información.

A continuación exponemos algunos de los juegos que se pueden utilizar para estimular el desarrollo del lenguaje y la audición:

- **Las adivinanzas.** Son una actividad muy rica en el desarrollo del lenguaje, ya que obligan a que el niño busque diferentes significados y ejercite su comprensión oral, potenciando en gran medida su razonamiento verbal.

- **Los trabalenguas.** Son una excelente herramienta de estimulación de la pronunciación, la percepción auditiva y el conocimiento del lenguaje.

- **Empieza con…** Los clásicos juegos como el «Veo, veo» fomentan en gran medida el autoconocimiento del lenguaje y la percepción de los diferentes fonemas que lo componen, siendo interesante en estos juegos introducir el máximo número de fonemas distintos para aumentar la estimulación. Estos juegos se pueden realizar antes de que los niños sepan leer, con los sonidos de las diferentes letras, aspecto que les facilitará posteriormente la adquisición de la lectura. En algunas ocasiones, con el fin de que resulte más sencillo el desarrollo del juego, se puede realizar con la sílaba inicial, lo que permitirá que el niño pueda identificar con mayor facilidad la palabra que tiene que encontrar.

- **La frase maldita.** La frase maldita es un juego tal vez menos conocido, pero también muy interesante, ya que ejercita diferentes componentes importantes del lenguaje y la audición, como la memoria, la segmentación de las palabras y la creatividad en el lenguaje, a partir de los 6 años. El juego de la frase maldita consiste en ir introduciendo cada vez una palabra más en una frase que vamos creando paulatinamente por turnos, pero antes de insertar el nuevo elemento, debemos repetir la oración que se ha dicho anteriormente.

- **Igual o diferente.** Se trata de otro juego del lenguaje que puede resultar interesante, sobre todo para potenciar la discriminación auditiva. Consiste en decir dos palabras muy similares o

Los sonajeros y los muñecos que realizan distintos sonidos son una buena fuente de estimulación temprana del oído.

iguales, de modo que el niño debe identificar si se trata de vocablos iguales o diferentes.

## Distintos juegos que estimulan el procesamiento auditivo de la información

Existen diferentes juegos y juguetes que pueden ayudar al desarrollo de las habilidades de procesamiento de la información auditiva. Algunos ejemplos son:

- **El sonajero.** El sonajero y los muñecos que realizan distintos tipos de sonidos serán una de las primeras fuentes de estimulación no natural del sistema auditivo. Los niños disfrutan con ellos y les encanta experimentar los ruidos tan variados que realizan sus juguetes. Pronto aprenderán a distinguir de qué juguete se trata solo mediante la audición. Con este tipo de juguetes empezarán a

comprender también la relación existente entre movimiento y ritmo.

- **Seguir ritmos.** Cualquier instrumento o utensilio que realice un sonido nos puede ser útil para este juego, que se podrá practicar aproximadamente a partir de los 4 años, con ritmos muy sencillos que cada vez podremos ir complicando más y cuya duración podrá aumentarse progresivamente. El niño debe repetir los ritmos que ha creado el adulto y también puede inventar otros nuevos. Este juego proporciona una estimulación importante del sentido del ritmo y de la secuencialidad, que resultan básicos para el desarrollo del lenguaje.

- **El juego de memoria Simón.** Resulta una herramienta interesantísima para desarrollar diferentes aspectos, sobre todo aquellos relacionados con la memoria y la atención, en este caso tanto auditiva como visual, ya que los estímulos que proporciona el juego combinan ambas tipologías. Este juego se puede practicar a partir de los 7 años, e incluso antes, con la colaboración de un adulto en los niveles sencillos.

- **Descubrir ruidos y sonidos de la naturaleza.** Con tan solo cerrar los ojos y escuchar aquello que rodea al niño le permitirá descubrir muchos sonidos que podrá relacionar con su fuente. Este juego también se puede practicar con onomatopeyas en las que el niño tiene que descubrir el animal imitado o bien él mismo imitar a animales para que otros niños descubran de qué animal se trata. Este juego se puede realizar con grabaciones.

- **Descubrir instrumentos.** Si el niño se encuentra familiarizado con la música, este juego le encantará, aunque resulte tan sencillo como descubrir qué instrumentos suenan en una pieza de música clásica o a partir de los sonidos propios del instrumento en cuestión de forma aislada. Hoy en día, gracias a Internet, es muy fácil encontrar sonidos aislados que nos permitirán realizar este juego de forma sencilla.

Si el niño no se encuentra familiarizado con la música, siempre será un buen momento para que se inicie a ella.

## La audición y el aprendizaje de otras lenguas

Los niños vienen al mundo con la capacidad y la posibilidad de aprender cualquier lengua. En términos generales, en un primer instante, solo aprenderán la lengua de los padres, pero en sociedades bilingües fácilmente aprenderán las dos lenguas si estas se encuentran a su alcance. El caso más claro resulta cuando los padres tienen lenguas de origen distinto: si el padre habla una lengua con el bebé, este aprenderá rápidamente esa lengua, y si la madre habla otro idioma, sucederá lo mismo.

Existen múltiples estudios que apuntan que los bebés recién nacidos ya son capaces de reconocer

diferentes lenguas. Son especialistas en detectar el idioma materno, al que han estado vinculados de forma más evidente durante el embarazo, y reaccionan de forma muy diferente ante idiomas conocidos que ante otros desconocidos.

El lenguaje tiene una fuerte relación con el vínculo afectivo. Este punto es fácilmente apreciable en sociedades bilingües donde, cuando una persona conoce a otra circunstancialmente en un idioma determinado, le resultará muy difícil cambiar el idioma con el que habla con esta. A los niños les ocurre lo mismo: ellos no entienden que papá hable una lengua y mamá otra, sino que hablan de una forma con mamá y de otra con papá.

Los niños aprenden los idiomas de forma natural, sin normas gramaticales y sin estudiar vocabulario, es decir, sin instrucción directa. Cuando los padres se plantean el aprendizaje de una segunda o tercera lengua, conviene tener presentes las siguientes indicaciones:

- **Cuanto antes, mejor.** Cuanto antes facilitemos al niño herramientas y juegos de estimulación que favorezcan el desarrollo de la nueva lengua, más preparado y más receptivo será el pequeño, ya que esto le supondrá un menor esfuerzo, siempre y cuando no intentemos enseñarle el idioma, sino que lo pongamos a su alcance. Conviene tener presente que, cuanto más pequeño es el niño, más plasticidad cerebral posee y esto también se traduce en términos auditivos, ya que la exposición a diferentes tipos de frecuencias (estas varían en rango en función del idioma) permite su identificación y posterior producción. Esto se puede ver claramente en aquellas personas que han aprendido un idioma de forma tardía, cuya pronunciación raramente será adecuada, ya que les resulta muy difícil percibir adecuadamente la fonética del idioma concreto.

- **Un buen modelo.** Para que tenga lugar un buen aprendizaje de un idioma es necesario que el niño tenga un buen modelo tanto de pronunciación como de riqueza lingüística. Si el modelo es malo, el lenguaje que conseguirá el niño será también malo. Por tanto, los padres deben tener presente que si uno de ellos no tiene una buena base en un idioma determinado, es mejor que no lo emplee con su hijo, ya que, con toda seguridad, los aprendizajes que deriven de ello serán de escaso valor y podrán entorpecer futuros progresos.

• **Poner el idioma a su alcance.** La mejor opción para que un niño desarrolle plenamente un segundo o tercer idioma consiste en que se le facilite. Ver la televisión en versión original puede resultar de gran ayuda, al igual que escuchar música en esa lengua. A pesar de que inicialmente el niño no comprenderá nada, fácilmente se acostumbrará a sus fonemas y, al distinguirlos correctamente, más tarde también será capaz de pronunciarlos de manera adecuada. La costumbre y el hecho de escuchar repetidas veces las mismas palabras darán lugar a la comprensión, del mismo modo que ocurre con la lengua materna.

• **La diversión y el interés son fundamentales.** La estimulación para el aprendizaje temprano de nuevas lenguas debe de ser divertida, ya que, de otro modo, los niños lo rechazarán. En este sentido, existen diferentes materiales audiovisuales que pueden resultar de gran ayuda. Otra forma de aprender un idioma de forma lúdica es mediante la realización de bits de imágenes y con la consiguiente palabra en el idioma correspondiente. Asimismo, si los padres se plantean que su hijo realice alguna actividad extraescolar de estimulación temprana de un idioma, es importante que contemplen este tipo de aprendizaje de carácter lúdico y de inmersión en el idioma, más que una docencia directa.

• **La estimulación debe ser frecuente.** No basta con proporcionar estimulación de forma aislada una o dos veces por semana, sino que, a mayor contacto con la lengua escogida, mayor será el efecto y más rápidos los logros.

## El uso de juguetes que ayudan al aprendizaje de idiomas

Actualmente, en el mercado existen numerosos juguetes que pueden resultar de una valiosa ayuda para la familiarización del niño con un idioma concreto, generalmente el inglés. La mayoría de ellos son juguetes electrónicos que suelen emitir sonidos cuando el niño presiona un botón o alguna parte concreta del aparato. Estos juegos ayudan a que el niño se familiarice con el idioma y lo pueda oír con frecuencia, aunque el inconveniente es que suelen resultar repetitivos y poco interesantes para los niños, ya que no muestran gran interacción y su uso acostumbra a ser muy restrictivo.

## UN PEQUEÑO CONSEJO

En algunas ocasiones, cuando los padres se plantean la posibilidad de que sus hijos sean bilingües y ellos mismos lo son, pueden tender a hablar a los pequeños de forma indiscriminada en una lengua u otra, de modo que mezclen ambas. Esto puede crear en el niño cierta confusión, que le llevará realizar numerosas interferencias entre lenguas, sobre todo cuando estas son muy cercanas, como el catalán y el castellano o el gallego y el castellano. Es muy frecuente en estos casos que los niños hablen más o menos ambas lenguas, pero que no sepan distinguir exactamente cuándo están hablando una u otra, con lo que, cuando conversan, introducen con asiduidad palabras de la otra lengua.

Hacia los 5 años, ya podremos emplear juegos de mesa que pueden ser más interesantes y divertidos para los niños, ya que pueden resultar más interactivos, como encajes de palabras con su nombre en inglés, diccionarios infantiles, así como cuentos en estos idiomas que, a veces, pueden ir acompañados de un CD en el que se nos presenta la narración de dicho cuento.

En cambio, el uso de nuevas tecnologías conlleva un gran interés en el aprendizaje de otras lenguas, ya que proporciona múltiples oportunidades de acceder de forma más o menos natural e interactiva al vocabulario y a la pronunciación del idioma elegido, al mismo tiempo que si utilizamos buenas fuentes, podemos asegurarnos de que los modelos que recibirá el niño serán correctos.

No obstante, el uso de nuevas tecnologías siempre debe ser supervisado, guiado y acompañado por los padres o un adulto, lo que permitirá establecer una buena elección y uso de la herramienta, así como reforzar los aprendizajes y los progresos del niño.

## El juego y el desarrollo del equilibrio

Aunque por lo general el equilibrio no se considere uno de nuestros sentidos, puede ser uno de los más determinantes e importantes en nuestra vida. El equilibrio nos permite tener, junto con la vista, unos referentes corporales necesarios para tener constancia de nuestra posición en el espacio y, por tanto, desarrollar un eje corporal y una conciencia de nuestro cuerpo que nos guíe tanto en nuestro movimiento como en cuanto a nuestra relación con el espacio, y, por tanto, en muchísimas actividades que desarrollamos a diario, como, por ejemplo, leer y escribir (con una direccionalidad muy clara), desplazarnos, etcétera.

En este sentido, el equilibrio no solo nos permite no caer al suelo constantemente, sino que también nos aporta una información continua de gran valor para nuestro sistema nervioso a la hora de desempeñar un sinfín de actividades.

El sentido del equilibrio depende de dos grandes fuentes de información: el sistema vestibular, que es muy próximo en su formación y posición al sistema auditivo, siendo esta la parte que se encarga de informar sobre la posición de la cabeza en el espacio y, por otra parte, de multitud receptores situados en las articulaciones y los músculos, que proporcionan datos acerca de la posición del resto del cuerpo. Se establece una coordinación necesaria que permitirá un buen desarrollo de los patrones posturales.

Igual que la audición, el sistema del equilibrio se desarrolla de forma muy temprana, ya que será la principal herramienta del bebé para luchar contra la gravedad, con lo que ya desde la gestación se va perfeccionando para poder estar preparado para la vida extrauterina.

### SABER +

El equilibrio es importante no tan solo para el desarrollo motor e intelectual, sino que también puede jugar un papel destacado en el manejo de las emociones. De este modo, un niño que tenga dificultades para mantener el equilibrio probablemente se muestre inseguro y un tanto inhibido en sus relaciones, ya que la seguridad que aporta un buen equilibrio en su relación con la tierra se encuentra dañada y esta seguridad resulta determinante en su día a día, hasta el punto de afectarle de forma más global a su personalidad.

## El equilibrio y el desarrollo motor

Gracias al desarrollo psicomotor del niño, las diferentes posturas que debe ir adoptando y las diversas relaciones con la gravedad que va manteniendo a lo largo de su progreso motor sentarán las bases fundamentales para el correcto desarrollo del equilibrio.

De ahí procede gran parte de la importancia que posee el hecho de que el niño necesite experimentar el máximo posible durante su primera infancia, ya que la propia experimentación le facilitará las sensaciones que precisará para poder ir conociendo mejor su cuerpo y la relación de este con la tierra, lo que le posibilitará progresivamente la adquisición del equilibrio, que alcanzará una de sus máximas expresiones en cuanto el niño sea capaz de sostener todo su peso sobre sus pies. Caerse en repetidas ocasiones le ayudará a conocer cuáles son los mecanismos que gradúan su equilibrio y aprenderá por sí solo a compensar aquellos aspectos que fallan, hasta conseguir una buena estabilidad sobre sus dos pies. Este aprendizaje solo se podría realizar de una forma muy parcial si el niño hubiese aprendido a andar con la ayuda de un caminador, ya que las fuentes de experimentación se encuentran muy limitadas.

Más adelante, el niño irá adquiriendo nuevos retos en relación a su equilibrio, como montar en bicicleta, patinar, bailar, etcétera.

## Juegos de balanceo

Los bebés, cuando se los balancea o se los mece, suelen calmarse y reconfortarse fácilmente. Esta sensación de sosiego se produce sobre todo por la estimulación que produce el movimiento sobre los receptores vestibulares de la cabeza. No obstante, el balanceo no solo ayuda al niño a que se reconforte, sino que también ejerce un papel estimulador en el sistema del equilibrio, motivo por el cual resulta una actividad muy recomendable por su doble función.

Es importante tener presente que, mientras se realizan actividades de balanceo, no solo se proporciona estímulo al movimiento de cabeza, sino que también se produce una estimulación táctil a prácticamente todo el cuerpo, especialmente a aquella parte que entra en contacto con el adulto o bien con la cuna o la hamaca. Esta sensación de movimiento coordinado de cuerpo y cabeza ayudará a sentar las bases para la coordinación entre la postura corporal y la de la cabeza, aspecto de importancia capital en el desarrollo.

El balanceo se puede realizar de diferentes modos, todos ellos muy recomendables, aunque conviene señalar que para mecer al niño se debe tener en cuenta:

- El movimiento debe ser suave.

- Debe resultar rítmico (debe seguir un ritmo ni muy lento ni muy rápido, sino aquel que se considere cómodo tanto para el niño como para el adulto).

Asimismo, existen diversas formas de realizar el balanceo, entre las que se encuentran:

- Balanceo con desplazamiento: este tipo de balanceo se realiza mientras el adulto se va desplazando, ya sea dentro de casa como en el exterior. Mientras se realiza este tipo de balanceo, estimulamos la sensación de movimiento tanto en relación al sentido en que realizamos el balanceo como a la dirección en la que nos movemos. Se trata de uno de los tipos de balanceo que producen un estímulo más interesante. Asimismo, el contacto directo con el adulto, especialmente si es un ser significativo para él, reforzará su desarrollo emocional.

- Balanceo sentados o en posición fija. Este tipo de balanceo es menos rico que el anterior, pero también proporcionará una importante estimulación vestibular en el niño.

- Movimientos en diferentes direcciones y posturas. Un juego relacionado con

Para ayudar al desarrollo del equilibrio del niño, podemos levantarlo y moverlo en diferentes direcciones: seguro que le encanta.

— Con el bebé semisentado y con el adulto de pie, para moverlo arriba–abajo y hacia los lados.

— Con el bebé en posición prona y con el adulto tumbado en el suelo, para levantarlo y moverlo hacia los lados y hacia delante y detrás.

— Cogido por debajo de las axilas, para moverlo hacia los lados y arriba y abajo.

Más adelante, cuando el tono muscular del bebé esté más desarrollado, hacia los 6 meses, podemos incluir también estos tipos de balanceo:

• Asirlo por las manos y realizar movimientos de balanceo hacia los lados.

el balanceo y que le encantará al niño es aquel que implica levantarlo y moverlo en diferentes direcciones. Se puede realizar de distintos modos; así, en momentos iniciales podemos utilizar las siguientes técnicas:

• Cogido por las manos y los pies con un adulto a cada lado, realizar movimientos hacia delante y detrás como si de un columpio se tratase.

## UN PEQUEÑO CONSEJO

El uso de hamacas para la estimulación del sistema vestibular resulta muy fructífero, ya que supone devolver al bebé a una sensación de ingravidez, lo que de por sí ya resulta gratificante para él. Con la hamaca podemos mover al niño en las diferentes direcciones, así como girar sobre sí mismo, movimientos de gran interés para el desarrollo del sistema vestibular, y, aunque no son estrictamente necesarios, proporcionan al niño una sensación de movimiento muy estimulante.

En algunas ocasiones, ciertos niños se pueden sentir incómodos o les puede resultar desagradable el movimiento de la hamaca; en estos casos, tal vez sea aún más interesante la estimulación que puede recibir de esta. No obstante, en estos casos lo más recomendable es no dejar al niño solo en la hamaca, sino colocarlo en el regazo de un adulto que esté sentado y realizar del mismo modo los movimientos, aunque de forma muy suave.

Las hamacas más recomendables son aquellas que pueden realizar movimientos en todas las direcciones, es decir, aquellas que están colgadas del techo o bien que tienen una estructura que las soporta.

## Deportes que fomentan el desarrollo del equilibrio

Los deportes, especialmente para los niños, no son más que otro tipo de juego mediante el cual, además de disfrutar, desarrollan sus habilidades motoras, favorecen su salud y a menudo les facilita el progreso de su sociabilidad.

El equilibrio se desarrolla fundamentalmente mediante el movimiento, es decir, por medio del ejercicio físico; en este sentido, los deportes, en términos generales, suelen gustar a los niños y resultan una manera muy adecuada de estimulación de sus habilidades físicas y, por tanto, del sentido del equilibrio, que generará grandes beneficios para otras actividades que no se encuentran directamente relacionadas con el desarrollo físico.

Podríamos decir que prácticamente todos los deportes cumplen una función de estimulación del sentido del equilibrio; sin embargo, algunos de ellos actúan de una forma más directa y eficaz:

- La danza y la gimnasia rítmica quizá sean los deportes que más estimulan el desarrollo del sentido del equilibrio, así como la fineza y exactitud de los movimientos, tanto por su complejidad como por el ritmo inherente a estas prácticas deportivas.

- Las artes marciales, además de poder dotar al niño de un importante conocimiento de su propio cuerpo, estimulan perfectamente el equilibrio, así como todo lo relativo a la precisión de los movimientos.

- El patinaje es un deporte con una fuerte implicación del sentido del equilibrio, donde la base de control de la gravedad se ve aún más reducida y la superficie menos segura, tanto si se trata de patinaje sobre hielo como sobre ruedas, lo que provocará nuevas adaptaciones en el niño para poder conseguir un mejor equilibrio.

Los deportes, como la gimnasia rítmica, generan diferentes estímulos importantes para el desarrollo del equilibrio.

- El ciclismo o montar en bicicleta implica un aprendizaje más o menos rápido para la mayoría de los niños. Además, supone un paso bastante complejo cuando se consigue que el niño circule con tan solo 2 ruedas. Para algunos niños, este paso puede resultar muy difícil, ya que en algunas ocasiones no han disociado de manera conveniente el movimiento de cabeza con el de brazo, de modo que cada vez que muevan la cabeza hacia un lado, su brazo se extenderá automáticamente y girará el manillar, con lo que perderán el equilibrio y caerán. En algunas ocasiones, se trata de un aprendizaje largo que requerirá la colaboración paciente del adulto.

El resto de deportes también genera un estímulo muy importante para el desarrollo del equilibrio. Deportes como el atletismo, el fútbol, el baloncesto o el tenis, por citar los más populares, ejercen un papel muy importante en la coordinación motora y, por tanto, en el desarrollo del equilibrio.

### El niño al que no le gustan los deportes

Es frecuente encontrar a niños a los que no les gusta practicar deporte, y en su lugar prefieren juegos más tranquilos o estáticos. Generalmente, los niños a los que no les gusta practicar deportes suelen tener dificultades para realizarlos, y, por regla general, suelen ser más lentos o menos hábiles que el resto de sus compañeros.

En estas circunstancias es preferible no forzarlos, ya que si el niño no quiere realizar un deporte en cuestión o se siente muy poco hábil frente a sus compañeros puede resultar muy probable que más que ayudarlo a superar sus temores y su rechazo, los fomentemos.

Lo más oportuno será iniciar al niño en deportes que le puedan resultar atractivos, aunque solo sea mínimamente, y por lo general individuales y con escasa competición, de modo que permitan al niño

## SABER +

Los beneficios del deporte para los niños son muchos, ya que además de constituir un momento para el disfrute, lo que debería resultar el objetivo fundamental, favorecen aspectos tan diversos como:

- El desarrollo de la coordinación motora gruesa.
- El bienestar físico del niño (mejoran los procesos respiratorios, potencian la flexibilidad de las articulaciones, aumentan el tono muscular y previenen la obesidad).
- El desarrollo social.
- La comprensión y seguimiento de normas.
- La adquisición de hábitos de autonomía, así como de higiene.

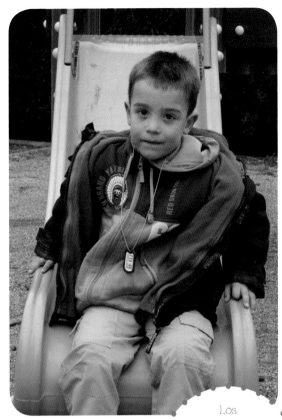

Los parques infantiles y los diferentes juegos que se pueden encontrar en ellos son una buena fuente de estímulo vestibular.

ir progresando poco a poco sin tener que compararse con otros. Si consigue desarrollar unas habilidades adecuadas en un deporte podrá afrontar otros con mayor seguridad y con más garantías de éxito, lo que facilitará su motivación por el deporte.

### Juegos en el parque

Los parques infantiles con el mobiliario del que disponen para que los niños puedan jugar suponen una muy buena y rica fuente de estímulo vestibular, tanto los juegos clásicos como los toboganes y los columpios, como los actuales balancines con diversas formas (motos, animales, etcétera), las tirolinas, los castillos o las estructuras para trepar. Además, los parques infantiles cada vez disponen de mayor seguridad, como suelos acolchados y materiales adaptados para que los niños no se puedan lastimar.

Con el mobiliario de los parques infantiles, los niños pueden disfrutar de muchos elementos, la mayoría de los cuales conlleva una importante estimulación del sentido del equilibrio, al mismo tiempo que se divierten. Los parques infantiles les permiten experimentar diferentes velocidades (como el tobogán o la tirolina), el movimiento a través de la coordinación de todo el cuerpo (como en los columpios o los balancines), y también pueden desarrollar su tono muscular y la habilidad motora con juegos para trepar que, al mismo tiempo, implican una importante estimulación del sentido del equilibrio.

Otro punto interesante es que los parques infantiles permiten al niño conocer a otros niños que tal vez no se encuentren dentro de su entorno inmediato, que suele ser el escolar, con lo que les permitirá tener nuevas amistades y relaciones sociales.

Así, resulta muy recomendable dedicar cierto tiempo semanal al parque infantil, ya que puede suponer muchos beneficios para el niño, aunque en este entorno también es muy importante la supervisión del adulto.

## Juegos que fomentan el desarrollo del equilibrio

Existen numerosos juegos que potencian el desarrollo del sentido del equilibrio. En este sentido, la mayoría de los juegos que implican movimiento estarán potenciando de una forma más o menos evidente la adquisición del equilibrio y, de este modo, la coordinación motora y unos patrones posturales adecuados.

A continuación, detallamos algunos de los juegos que podemos realizar para ayudar a que se desarrolle el sistema vestibular y el sentido del equilibrio:

- **Saltar a cuerda.** Este juego implica una importante coordinación entre las extremidades superiores e inferiores cuando se realiza el salto de forma individual; además, el salto produce una estimulación constante del sentido del equilibrio. Asimismo, saltar a la cuerda es un excelente juego para desarrollar el ritmo en coordinación con todo el cuerpo.

- **Camas elásticas.** Producen un fuerte estímulo en el sentido del equilibrio, ya que generan cierta sensación de ingravidez que permite al niño experimentar con el movimiento de una forma diferente, al mismo tiempo que debe seguir coordinando sus movimientos para que estos resulten eficaces y no pierda el equilibrio y caiga.

- **Jugar con zancos.** El uso de zancos o de pequeñas elevaciones bajo los pies supone un cambio en la relación gravitacional del niño, con lo que debe buscar mecanismos para poder controlar su equilibrio.

Las camas elásticas, con la sensación de ingravidez que producen, resultan un buen estímulo para el sentido del equilibrio.

- **Seguir la línea recta o andar por encima de un muro bajo.** A los niños les suele encantar andar por encima de los muros poniendo de este modo a prueba su sentido del equilibrio. Resulta una excelente actividad, ya que obliga al niño a concentrarse en su eje corporal y procurar no perder la estabilidad.

- **Juegos de enredos.** Los juegos en los que cada uno de los participantes debe ir adoptando posturas diferentes procurando no perder el equilibrio implican que el niño se pueda ir haciendo más consciente de las distintas partes de su cuerpo y que procure buscar aquellos contrapesos que le faciliten poder mantener el equilibrio.

- **El juego de las estatuas.** En este juego, los niños deben detenerse como si de estatuas se trataran cada vez que un niño o un adulto cuenta hasta un número determinado. Implica una activación importante del sentido del equilibrio, sobre todo a causa de las diferentes posturas que deben adoptar, planificando sus movimientos y manteniendo una adecuada estabilidad.

- **La rayuela.** En este juego clásico, la alternancia entre el uso de una pierna o las dos y los saltos que se deben realizar suponen un ejercicio muy completo para el desarrollo del equilibrio, además de constituir un entretenimiento divertido para los niños.

*La visión es el sentido menos desarrollado en el momento de nacer, pero es muy importante que se desarrolle adecuadamente.*

# El juego y el desarrollo de la visión

La visión es uno de nuestros sentidos más preciados y del que dependemos en mayor medida, junto con la audición y el equilibrio, sin olvidar por supuesto el tacto. La visión juega un papel determinante en nuestras vidas y es nuestro apoyo para realizar un sinfín de tareas necesarias en nuestro día a día. Precisamos la visión para movernos, para leer y escribir, cocinar, planchar y un largo etcétera.

El sentido de la vista cumple un papel de complementariedad muy importante con el resto de los sentidos, ya que suele aportar información de gran valor a aquello que estamos percibiendo mediante el tacto, la audición, el equilibrio, el gusto o el olfato. Por ejemplo, nos ayudará a comprender exactamente qué nos está queriendo explicar la persona con la que hablamos (soporte al sentido auditivo), a tener constancia exactamente de en qué lugar nos han tocado (soporte al tacto), a valorar la distancia y la seguridad del camino (soporte al equilibrio) o a constatar si aquello que vamos a comer tiene un aspecto saludable (soporte al olfato y al gusto).

Sin embargo, el sentido de la visión es uno de los menos desarrollados cuando venimos al mundo. De hecho, dentro del vientre materno no se habrá podido desarrollar ningún tipo de estimulación, con lo que será uno de los sentidos con una menor funcionalidad en el nacimiento, lo que nos indica que tendrá un gran camino por recorrer, especialmente durante los primeros 6 años.

En este camino jugarán un papel muy importante el desarrollo psicomotor del niño y el juego, y ambos son los principales protagonistas del progreso de la visión hacia sus funciones más complejas, como la

## UN PEQUEÑO CONSEJO

No debemos olvidar que la mayoría de la información que recibimos a diario procede del sistema visual, motivo por el cual es uno de los sentidos, juntamente con el auditivo y el del equilibrio, que más debemos cuidar y estimular. Así, es importante tener en cuenta que los problemas visuales no se reducen tan solo a los problemas de refracción (hipermetropía, astigmatismo y miopía), sino que también pueden obedecer a otro tipo de dificultades, como la visión binocular (percepción integrada de los dos ojos), los movimientos oculares, la convergencia ocular (punto de unión de la información procedente de ambos ojos), entre otras habilidades de carácter relevante que poseen una función muy importante de cara al desarrollo escolar y también en lo relativo a otras facetas de la vida cotidiana. Algunas manifestaciones de posibles problemas visuales, la mayoría de los cuales no suelen manifestarse antes de los 6 años, pueden ser:

● Posturas incorrectas en las tareas de dibujo o escritura y lectura.
● El niño se tropieza con facilidad o cae con frecuencia.

● Muchas dificultades para aprender a leer y a escribir (a partir de los 6 años).
● Picor en los ojos.
● Dolores de cabeza frecuentes (pueden deberse a otros problemas).
● El niño se queja de ver doble o borroso.
● El niño es muy lento en tareas de copiar.
● En algunas ocasiones desvía un ojo.
● Inversión de letras (b/d; p/q…) o sílabas (es/se; el/le; al/la…).

Si aparecen más de uno o dos síntomas, resulta muy recomendable acudir a un optometrista comportamental con la finalidad de valorar en profundidad la funcionalidad de la visión y establecer medidas correctivas si se estima necesario. Debemos tener presente que los niños y los adultos que presentan algunos de los síntomas antes descritos deben realizar compensaciones importantes para poder conseguir el mismo resultado que otros sin estas dificultades, con lo que realizan un sobreesfuerzo en tareas como la lectura y la escritura, que a veces puede resultar poco fructífero y descorazonador.

percepción de las tres dimensiones, la discriminación entre la figura y el fondo, la madurez de los movimientos oculares, la acomodación visual (función de zoom o adaptación a diferentes distancias de enfoque) y la lateralización ocular. El desarrollo pleno de estas funciones permitirá al niño estar preparado para el aprendizaje escolar, así como, sobre todo, tener un desarrollo adecuado a nivel motor.

## El desarrollo psicomotor y la maduración de la vista

Cuando el niño se coloca boca abajo y empieza a querer coger aquel objeto que tiene cerca, la distancia entre la cabeza y aquel objeto que puede alcanzar con la mano será una de las primeras referencias de distancia que tendrá el sentido de la visión, juntamente con la distancia hacia aquel objeto que no puede alcanzar, lo que estimulará, a su vez, los primeros movimientos del bebé en un intento de llegar hasta aquella persona u objeto a la que quiere acercarse.

De este modo, el progreso de la visión durante las primeras fases del desarrollo del niño estará totalmente ligado a sus manos y brazos. Pero también estará claramente relacionado con la madurez del control de la cabeza. El control de la cabeza es una

de las claves más importantes para que el funcionamiento ocular sea óptimo; es muy común ver a niños de edades mayores que parece que no pueden sujetar adecuadamente su cabeza y van cambiando constantemente de postura en tareas de trabajo de cerca o bien que necesitan apoyar su cabeza en la mano. Esto suele provocar problemas de fatiga y escasa atención, así como dificultades en el procesamiento visual de la información.

Del mismo modo, cuando el niño empieza a desplazarse mediante el arrastre y el gateo, va desarrollando la visión periférica, que será aquella que le permitirá no chocar continuamente con los objetos que hay a su alrededor y con las puertas y paredes. Esta visión periférica resultará clave más tarde en los procesos de orientación espacial, ya que posibilitarán al niño orientarse hacia una dirección determinada con el resto de referentes que hay a su alrededor.

Por otra parte, tanto los primeros estímulos visuales como, por ejemplo, los móviles situados encima de la cuna o cuando los adultos se acercan al bebé, como aquellos objetos o referentes que va a buscar cuando se desplazan, sentarán las bases para la discriminación de la figura y el fondo.

Los primeros estímulos visuales del bebé son los móviles colgados sobre la cuna o los adultos que se acercan a jugar con él.

## SABER +

La discriminación entre la figura y el fondo supone la capacidad para poder distinguir entre un objeto relevante, que es lo que debemos percibir, y aquello que lo rodea. Esta habilidad resultará clave más tarde para adquirir aprendizajes tan relevantes como la lectura, en la que este tipo de discriminación resulta fundamental para su desarrollo.

Por último, no podemos olvidar que el proceso psicomotor resulta clave para que el niño desarrolle un adecuado esquema corporal, es decir, una buena representación mental de su cuerpo. El esquema corporal será clave en la adquisición de la orientación espacial, que se considera determinante tanto en relación con el funcionamiento en tres dimensiones como en el juego de carácter más motor (sobre todo deportes) como con el trabajo en dos dimensiones, como la lectura, la escritura y el dibujo, en los cuales incidirá especialmente en la direccionalidad propia de estas tareas y la ubicación de la hoja en el espacio.

### Juegos y juguetes que ayudan a madurar la visión

Durante los primeros meses de vida, la percepción visual de los bebés se limita a contrastes fuertes en su campo visual, como son la ausencia de luz y la presencia de esta, la percepción del movimiento, los volúmenes a grandes rasgos y los colores con mayor contraste, como el negro, el blanco y el rojo.

Poco a poco irán percibiendo más matices en las imágenes, de modo que empezarán a reconocer las caras más familiares, los objetos por su tamaño y color, las emociones que expresan las caras, la distancia a la que se encuentra un objeto o una persona…

Gracias al juego, las habilidades visuales irán progresando paulatinamente. A continuación valoramos diferentes juegos y las habilidades que pueden estimular:

- **Móviles de cuna.** Son el primer juguete que reclamará la atención visual del niño, de modo que con ellos podrá empezar a percibir los colores y el movimiento, al mismo tiempo que intentará alcanzarlos con sus manos. Resulta interesante que estos móviles sean de colores con grandes contrastes, especialmente el blanco, el negro y el rojo, ya que son estos los que durante los primeros meses estimulan en mayor medida.

- **Sonajeros de colores.** Los sonajeros permiten al bebé experimentar las primeras relaciones entre el movimiento y el sonido. Asimismo, su colorido le atraerá y estimulará la percepción de los colores.

- **Alfombras de tela con actividades para el niño**, especialmente aquellas que tienen muñecos y diferentes elementos de estimulación en la parte superior con unas barras a modo de tienda de campaña. En estas primeras edades, sobre todo cuando el niño empieza a poderse mantener sentado (alrededor de los 4 o 5 meses), pero también en posición prona, podrá jugar con los diferentes muñecos. Con estas actividades podrá empezar a ejercitar la coordinación entre mano y ojo, y la percepción de los colores y de las formas.

- **Los muñecos en la silla de paseo.** Si colocamos diferentes muñecos en la silla de paseo facilitamos que el niño pueda ir practicando tanto la coordinación mano y ojo como la visión de cerca y de lejos, ya que mientras pasean irán percibiendo tanto aquellas cosas cercanas que les llaman la atención como aquellas que están más alejadas de su visión inmediata, cambiando de este modo su enfoque visual.

- **Juguetes con gran contraste de colores y diferentes texturas.** En estas primeras edades, resulta fundamental que los contrastes entre colores sean muy marcados, lo que facilita la percepción diferenciada por parte del niño.

- **Los objetos con movimiento** empezarán a llamar la atención de los niños, quienes disfrutarán lanzándolos. De hecho, durante esta etapa tenderán a experimentar mucho tirando los objetos y golpeándolos contra el suelo o contra otro objeto. Con los juguetes con movimiento, como balones o coches (de un tamaño adecuado), empezarán a percibir el movimiento y el ritmo que los caracteriza y podrán empezar a anticipar los movimientos y sus consecuencias. También será muy importante para seguir coordinando el funcionamiento de la mano con el del ojo.

- **Juguetes para el agua.** Aunque no se trate de juegos diseñados especialmente para el desarrollo de habilidades perceptivas visuales, el baño supone, generalmente, un momento de gran disfrute para los más pequeños y existe un gran número de juguetes con los cuales podrá jugar. Hay cuentos para el agua que se pueden manipular, así como diferentes juguetes que, con sus colores intensos, estimularán nuevamente la percepción del color y de los contrastes.

- **Encajes.** Los encajes son un excelente juguete tanto para estimular la percepción de las formas y los colores como la coordinación de mano y ojo. Existen con distintos grados de dificultad y temas, adaptados a diferentes edades, a partir de los 6 meses.

- **Los juegos de construcciones y de apilar.** Al igual que con los encajes, con estos juegos se facilita el desarrollo de la coordinación mano-ojo y también se van sentando las bases para el razonamiento abstracto y la estructuración espacial. Además, los juegos de construcción permiten

ejercitar habilidades tan importantes como la representación espacial y la planificación. Los hay adaptados a diferentes edades, desde los 12 meses hasta cualquier edad.

- **Los puzles.** Los puzles son juegos con un gran potencial para el desarrollo de habilidades visuales, especialmente la percepción visual, la discriminación de formas, la planificación y la discriminación figura-fondo. También podemos encontrar puzles para niños a partir de los 24 meses.

- **Juegos de enhebrar.** Los juegos de enhebrar son un excelente medio de coordinación visomotora. Este tipo de juegos se pueden encontrar fácilmente para edades a partir de los 3 años.

- **Dominós.** Existe gran variedad de tipologías de dominós; algunos de ellos se pueden empezar a

Los juegos de construcciones y de encajes son perfectos para facilitar un desarrollo correcto de la coordinación mano-ojo.

emplear a partir de los 36 meses, y son dominós sencillos de formas geométricas y colores. Con el dominó podemos estimular la memoria visual y el reconocimiento de las formas.

- **Memory.** Es un excelente juego para potenciar la percepción y la memoria visual. En sus vertientes más sencillas se puede emplear a partir de los 3 años.

- *Tangram* y **Geoboards.** Ambos juegos son una estupenda herramienta de estimulación de la coordinación visomotora, así como de la memoria visual, la percepción de formas y el razonamiento perceptivo. Estos juegos pueden emplearse aproximadamente a partir de los 5 años.

### Los juegos de pelota y la maduración de la visión

Como ya apuntábamos en el apartado anterior, en la maduración de la visión tiene gran importancia la coordinación con la mano, así que los juegos de pelota constituyen una excelente herramienta para madurar distintos aspectos relacionados con la visión, como son la percepción de distancias, velocidades, la exactitud de los movimientos, la puntería y la orientación espacial. Asimismo, jugar con el pie y la pelota constituirá una forma de estimulación de la visión, la coordinación con el pie y el equilibrio.

Existen numerosos juegos que se pueden realizar con pelotas de diferentes tamaños, juegos que podrán ser más difíciles a medida que el niño crezca. A modo de apunte señalamos los siguientes:

- Jugar a pasar la pelota con un adulto resulta un juego muy interesante para potenciar la coordinación de la mano con el ojo, la percepción de la velocidad, la distancia y la puntería. Se puede realizar de diferentes formas: haciendo que la pelota se desplace por el suelo, sin que toque el suelo, dando uno o más botes, sentados o de pie...

Los juegos de pelota tienen un papel muy importante en la maduración de diferentes aspectos relacionados con la visión.

- Botar la pelota es un juego difícil para los más pequeños, que irán mejorando con el tiempo, pero resulta ideal para potenciar la coordinación entre la mano y el ojo.

- Encestar una pelota. No es necesario utilizar una canasta, ya que pueden emplearse diferentes recipientes domésticos. Potenciaremos la percepción de distancias y la puntería.

- Chutar la pelota también resulta un juego interesante para la coordinación.

- Juegos con raqueta. A edades más avanzadas, a partir de los 5 años, y siempre en función de la habilidad del niño, podremos empezar a introducir juegos de raqueta como el tenis o el ping pong, que también constituyen una excelente fuente de estimulación del sentido de la vista.

De forma similar al juego con balones, también es posible utilizar globos. Aunque estos son más limitados en su uso, pueden resultar de gran utilidad para el desarrollo de la coordinación entre la mano y el ojo, si se juega a palmearlos.

## Los videojuegos y el desarrollo de la visión

### Los peligros y precauciones que deben tomarse

Actualmente, la exposición de los niños a los videojuegos se realiza de forma cada vez más temprana y con una mayor intensidad; además, el uso de consolas portátiles, algunas de ellas muy populares entre los más pequeños, es cada vez más común.

Durante el periodo de los 0 a los 6 años, la visión del niño se está forjando, con lo que esta etapa resulta crítica para el desarrollo de su visión de cara al futuro. Así, una exposición excesiva a pantallas, ya sean de videojuegos o bien a la televisión, puede producir daños visuales a más largo plazo. En concreto,

diferentes estudios indican que la exposición continua a las pantallas puede provocar un aumento de la miopía (debido al exceso de focalización de cerca), dificultades en los cambios focales y pobreza en los movimientos oculares, así como malestar ocular y fatiga. Asimismo, puede resultar difícil mantener la atención en los estímulos visuales, ya que los niños se acostumbran a recibir un volumen muy elevado de estímulos visuales atrayentes, mientras que los estímulos habituales pueden resultar menos atractivos, ya que no resultan tan interactivos y dinámicos.

Por otra parte, la constante exposición a pantallas implica la exposición a imágenes en dos dimensiones, las cuales son menos ricas que las reales en tres dimensiones, y una sobreexposición a ellas puede implicar dificultades en la correcta percepción de las de tres dimensiones.

Ante estos potenciales riesgos visuales que conlleva la utilización de las nuevas tecnologías, podemos tomar las siguientes precauciones:

La visión de los pequeños se está forjando hasta los 6 años, por lo que no deberían exponerse durante mucho tiempo a las pantallas.

- Limitar el tiempo de exposición a ordenadores, televisiones y videojuegos. Durante los 3 primeros años es cuando es menos recomendable la exposición, de manera que lo más adecuado es evitarla en la medida de lo posible. De los 3 a los 6 años, los periodos de exposición no deberían superar las 3 horas semanales, a ser posible de forma discontinua, en periodos preferiblemente no superiores a 45 minutos. A partir de los 6 años, cuando los niños ya se familiarizan más con el uso del ordenador, es importante que los periodos de exposición tampoco superen los 60 minutos sin interrupción, procurando dejar unos 10 minutos para evitar fatigas oculares; asimismo, el tiempo de exposición diario no debería superar en ningún caso las 2 horas.

- Intentar que exista una distancia visual adecuada. La distancia de enfoque con la pantalla no debe ser inferior a un par de metros (cuanto más grande sea la pantalla, mayor distancia) con la televisión y los videojuegos que se empleen en ella, de entre unos 50 y 70 centímetros con el ordenador (en una posición adecuada, con la espalda apoyada y también los pies), y no debe ser inferior a los 20 centímetros en el caso de las consolas portátiles.

- Asegurar una correcta iluminación de la sala, sin reflejos en las pantallas, pero nunca a oscuras. Es importante que exista una correcta iluminación de la periferia para que el ojo no se fatigue tanto.

- Vigilar la posible aparición de problemas visuales. Es importante estar atentos a los posibles síntomas que puedan aparecer después de que los niños hayan estado expuestos a las nuevas tecnologías. Hay que controlar especialmente: el picor de ojos, el enrojecimiento de estos, presencia de dolor de cabeza o una visión borrosa. En estos casos resultará especialmente importante limitar las exposiciones y, en caso de que los síntomas persistan es recomendable acudir a un optometrista para valorar el funcionamiento visual.

*Posibles efectos beneficiosos de los videojuegos en la visión*

Un uso racional de los videojuegos a partir de los 3 años (teniendo en cuenta las recomendaciones anteriormente expuestas) puede ayudar a desarrollar algunas habilidades visuales como la coordinación visomotora, es decir, la coordinación entre la información que entra por la vista y aquello que realizamos con el cuerpo, generalmente con la mano.

Asimismo, un uso correcto de los videojuegos puede alimentar la atención y la percepción visual, ya que sitúa a los niños ante un proceso continuo de percepción visual de búsqueda de indicios y de atención ante los diferentes estímulos que va presentando el juego. Por otro lado, puede estimular la percepción de los contrastes de color y de los detalles.

Otro posible beneficio del uso de videojuegos hace referencia al desarrollo de la orientación espacial, característica de los juegos de aventura y de acción, que son tridimensionales.

Sin embargo, no podemos obviar que la mejor estimulación para el sentido visual es aquella que proporciona el juego tradicional, tanto mediante el empleo de juguetes como con los juegos con un componente de carácter más motriz, como ya se ha comentado a lo largo de este capítulo.

# El juego y el desarrollo del sentido del tacto

El tacto cumple diferentes funciones en el desarrollo del niño. Una de ellas, tal vez una de las más importantes en los primeros momentos, implica la comunicación fundamental de los padres con su bebé. Gracias al tacto, transmitirán al bebé toda su ternura y aprecio, lo que provocará que este se sienta amado, una necesidad tan importante para él como ser alimentado.

El tacto es uno de los sentidos que más información proporcionan al bebé durante sus primeros meses de vida.

El tacto no solo nos proporciona un tipo de información, sino que también nos ofrece diferentes tipos de sensaciones, entre las que cabe destacar la sensación de presión cuando algo nos está tocando, el dolor, la noción de temperatura (si algo está caliente o frío) y la percepción de distintas texturas.

El sentido del tacto proporciona información de todo el cuerpo al cerebro, ya que su sensibilidad se extiende a lo largo de toda la piel, con lo que es el responsable de informarnos en gran medida de nuestra ubicación en el espacio, y junto con el sentido del equilibrio, también nos informa de los límites de nuestro propio cuerpo. A cada instante, recibimos muchísima información por parte del sistema táctil: el roce con la ropa, los pies apoyados en el suelo, la temperatura, el contacto del aire con nuestra piel, etcétera. Sin embargo, como sucede con todos los sentidos, la mayor parte de esta información no llega a procesarse a menos que nos interese por algún motivo.

El bebé empezará a reconocer las diferentes partes de su cuerpo mediante el tacto; de hecho, muchos de los primeros movimientos reflejos del bebé dependen de este sentido, como el reflejo palmar, que se activa con la sensación de presión en la palma de la mano y provoca que esta se cierre en torno a la mano, o el reflejo de succión, que se activa al sentir una presión en la zona cercana a la boca. Así, el tacto constituye una fuente fundamental de sensaciones que a posteriori permitirán que el niño pueda utilizar de forma más o menos eficaz las diferentes partes de su cuerpo.

Con la experimentación propia tanto del juego como del desarrollo psicomotor y la experiencia, el tacto irá percibiendo cada vez de forma más exacta las sensaciones que capta su piel.

## El masaje infantil

El masaje infantil es una excelente forma de reforzar el sentido del tacto de los bebés, al mismo tiempo que resulta una experiencia placentera tanto para el bebé como para la madre. Teniendo en cuenta que, durante estas primeras edades, el tacto es la sensación más importante para el desarrollo de la afectividad, el masaje infantil, junto con el tiempo que pasará el niño en brazos de sus padres y familiares cercanos, será una excelente estimulación de su sentido del tacto, pero también del vínculo afectivo tan importante para su posterior desarrollo de la autoestima.

El masaje infantil, para el bebé, es una fuente de percepción de las diferentes partes de su cuerpo, aspecto muy importante, ya que, como hemos tratado en distintos apartados del libro, para poder utilizar de manera conveniente las distintas partes de nuestro cuerpo primero debemos sentirlas y reconocerlas. El masaje refuerza esta percepción mediante la estimulación placentera de cada una de las partes del cuerpo de forma diferenciada, puesto que, durante los primeros meses, el bebé sentirá su cuerpo como un todo indisoluble, y lentamente será capaz de diferenciar las diferentes partes para poderlas utilizar de forma eficaz.

De este modo, el masaje mediante la percepción segmentada de las diversas partes del cuerpo puede estimular tanto su desarrollo psicomotor como el dominio y conocimiento de su cuerpo, aspecto fundamental para su posterior desarrollo en todos los ámbitos.

### Cómo debe ser el masaje infantil

El masaje infantil debe reunir las siguientes características para ser eficaz:

- Debe ser suave y lento. Las sensaciones que recibe el bebé no pueden ser tensas o bruscas, puesto que de este modo colaboran poco en el desarrollo del tacto y aún menos en el desarrollo emocional.

- Es importante que la persona que realiza el masaje se encuentre tranquila y relajada para poder proporcionar al bebé las sensaciones que precisa; de otro modo puede contagiarle su tensión o malestar.

- Puede ir acompañado de alguna canción entonada por los padres o de música clásica, que ayuden a complementar la sensación reconfortante y la tranquilidad del momento. La percepción del ritmo también resulta muy importante para el bebé. Asimismo, es muy interesante mientras realizamos el masaje infantil.

- Sin prisas. El momento del masaje debe ser un instante en el que se pueda dedicar tranquilamente el tiempo preciso para atender al bebé y proporcionarle las sensaciones necesarias. Un buen momento puede ser después del baño o antes de acostarlo, momentos que tienden a relacionarse con el sosiego.

- Situar al bebé sobre una superficie agradable, sobre una toalla suave, por ejemplo; asimismo, podemos aplicar el masaje sentados en el suelo, sobre la cama o en otra superficie que pueda resultar cómoda tanto para el bebé como para la persona que realiza el masaje, ya que es muy importante la comodidad de ambos.

- Realizar el masaje con regularidad, puesto que será la mejor manera de que el bebé reciba tanto la información sensorial que precisa como los beneficios de carácter más afectivo que puede proporcionar el masaje.

### Procedimiento para realizar el masaje

Siguiendo las pautas descritas en el apartado anterior, ya estamos en disposición de poder realizar un masaje infantil eficaz para el niño. Es interesante que el masaje abarque todas las partes del cuerpo del bebé. Sin embargo, si no se tiene experiencia, suele resultar difícil que el bebé soporte el tiempo que requiere realizar un masaje corporal completo, de manera que la mejor solución supone ir aumentando paulatinamente la duración y la amplitud del masaje.

Mientras se realiza el masaje, resulta importante dedicar mayor tiempo a las extremidades tanto superiores como inferiores, especialmente a manos y pies, cuya percepción resultará fundamental a posteriori para su desarrollo.

El procedimiento que debe seguirse puede variar en función del niño, pero lo más común y más aceptado generalmente por los bebés consiste en empezar por un pie y la pierna del mismo lado en posición supina, después el lado contrario y posteriormente el tronco, las extremidades superiores, el cuello y la cabeza. Sin embargo, es posible que el bebé pueda sentirse más cómodo si se inicia el masaje por la cabeza, en cuyo caso es más recomendable comenzar de forma inversa. No obstante, resulta muy aconsejable que una vez establecido un orden procuremos seguirlo siempre.

En la aplicación del masaje es recomendable dejar que el bebé cambie voluntariamente de posición. Procurar que se mantenga en la posición que el adulto quiere puede conducir al bebé a incomodarse o inquietarse, de manera que la mejor opción consiste en que el adulto se adapte a las posiciones del bebé para poder realizar el masaje de forma sosegada, lo que es una de las premisas más importantes para poder aplicar un buen masaje infantil.

## Experimentar diferentes texturas

El tacto con los padres, con la ropa y las diferentes superficies con las que se relaciona el bebé serán las principales fuentes de estímulo del tacto. Sin embargo, existen otros estímulos interesantes que permitirán al niño experimentar de forma más directa estas diferentes texturas y sensaciones; en este sentido, los muñecos y los juguetes para niños de estas edades suelen constituir un buen complemento.

En el mercado existen numerosos juguetes que proporcionan diversas texturas, dureza y flexibilidad, que están pensados sobre todo para edades entre el primer y el segundo año. Se trata de muñecos, libros de tela, pelotas que disponen de diferentes partes con diversos tactos, ya sea de distinta suavidad, rugosidad, dureza, etcétera.

No obstante, no es necesario emplear obligatoriamente este tipo de juguetes, puesto que entre los materiales cotidianos que tenemos en casa también podemos encontrar múltiples objetos que poseen diversas cualidades en lo que a su tacto se refiere, y tan solo poniéndolos a su alcance ya facilitaremos y estimularemos su curiosidad por experimentar diferentes tipos de cualidades táctiles. Para realizar este tipo de actividad basta con poner en el suelo o en la alfombra de juego diferentes objetos cotidianos, siempre

teniendo cuidado con los que resulten excesivamente pequeños o con aquellos con los que se pueda lastimar. Podemos emplear multitud de objetos cotidianos, como cucharas de madera y de metal, diferentes tejidos (sabanas, mantas, camisetas, servilletas, etcétera), cestos de mimbre, recipientes de plástico y papel, entre otras cosas; en definitiva, objetos que llamarán su atención y, por tanto, experimentará con ellos sus diversas cualidades. No obstante, a pesar de tratarse de una actividad muy rica, es importante (como prácticamente siempre) estar alerta de lo que realiza con cada uno de los objetos que le facilitemos.

Asimismo, en el momento en el que el niño esté preparado, resulta interesante ir introduciendo los adjetivos que pueden servir para describir las cualidades táctiles que se corresponden con el objeto en cuestión y que enriquecerán el lenguaje del pequeño y su capacidad de distinguir las cualidades de los objetos.

Los objetos cotidianos pueden ser una fuente inagotable de nuevas sensaciones para el tacto de los pequeños.

## UN PEQUEÑO CONSEJO

Los niños suelen utilizar un peluche para dormir. Se trata de un buen recurso para que el pequeño mantenga cierta tranquilidad al proporcionarle una sensación de comodidad y bienestar. Debemos tener presente que el tacto es la fuente más importante de transmisión de afecto. En este sentido, el tacto suave y cálido de los peluches confiere una sensación de bienestar y calidez que reconforta al bebé y le facilita la conciliación del sueño. Generalmente, esta práctica es adecuada hasta los 2 años (aunque podemos retirarlo antes), edad en la que los niños suelen empezar a abandonar el peluche para dormir.

En el caso de que no puedan abandonar este hábito, es bueno darles tiempo y no retirarles el peluche de forma drástica, sino permitir que lo conserven hasta que cada vez lo necesiten menos, momento en que se podrá retirar. En ocasiones esta situación se puede prolongar hasta los 4 o 5 años.

## Las manualidades

Las manualidades son una excelente fuente de sensaciones para las manos, ya que se emplean diferentes tipos de materiales y se experimenta todas sus cualidades (dureza, resistencia, plasticidad, textura, temperatura, etcétera). Además, mientras experimentan con estos materiales no solo potencian el desarrollo del sentido del tacto, sino que también se trata de una actividad muy interesante para fomentar la funcionalidad de las manos, así como para el desarrollo de la capacidad de razonamiento perceptivo visual, mediante las creaciones que pueden llegar a realizar con los diversos materiales que pongamos a su alcance. Así pues, también potenciaremos la creatividad de los pequeños.

Para realizar manualidades podemos utilizar un gran número de materiales que enriquecerán las actividades del niño: barro, plastilina, arena, papel, cartulinas, madera, porexpan, plástico, pintura de dedos, cuentas para ensartar, etc.

### Los niños a los que no les gustan las manualidades

Este hecho es frecuente sobre todo en los niños, mientras que en las niñas es menos común que no les gusten las manualidades, y generalmente se debe a que los niños prefieren los juegos y las actividades de acción tanto del tipo deportivo como con sus juguetes. Así, suelen sentir predilección por los juegos de lucha, las carreras, etcétera, y se muestran menos interesados en las actividades con un perfil más estético; sin embargo, esto no evita que a algunas niñas tampoco les guste realizar manualidades.

Los niños y las niñas a los que no les gustan las manualidades suelen poseer una menor destreza en el uso fino de las manos, y así, al sentirse poco hábiles, prefieren otro tipo de actividad en la que se sientan más cómodos y no tengan el temor a ser valorados de manera negativa o a sentirse poco capaces de realizar dicha tarea. En estos casos, apuntamos algunas orientaciones que se deberían seguir si se quiere seguir empleando las manualidades como fuente de juego y estimulación:

- Valorar más los esfuerzos realizados que el producto final. Los niños saben perfectamente si su producto final no es lo suficientemente acertado, de manera que las valoraciones exageradas de sus productos pueden ser poco creíbles para ellos.

Algunos materiales, como la plastilina o el barro de moldear, resultan muy adecuados para el desarrollo del tacto.

• Evitar las comparaciones, y esto es aplicable a todas las actividades que el niño realice y especialmente a las de tipo escolar, y aún más cuando el hermano menor se muestra más hábil en determinadas actividades. Esto puede implicar problemas de autoestima. En estos últimos casos es recomendable intentar evitar que realicen los trabajos o las tareas escolares juntos.

• Proponer variedad de actividades y materiales. En algunas ocasiones, niños que se muestran poco hábiles en determinadas manualidades pueden ser más habilidosos con otros materiales, lo que reconfortará su autoestima y seguirá estimulando sus capacidades.

• Estimular el uso de las manos mediante ejercicios que no conlleven tanta fineza (ver el apartado sobre el desarrollo de la competencia manual en el segundo capítulo).

## Juegos y juguetes que ayudan a desarrollar el tacto

Los juegos que ayudan a desarrollar el sentido del tacto suelen ir acompañados de sensaciones visuales, y a menudo trabajan la conexión existente entre ambos sentidos. En la primera edad, antes de los 2 años, los mejores mecanismos de trabajo del sentido del tacto corresponden a la experimentación de diferentes texturas y, por supuesto, al masaje infantil o las cosquillas, mientras que a partir de esta edad, el juego con arena, los puzles y los juegos de encaje sencillos permitirán al niño poder continuar estimulando su sentido del tacto. Más adelante, a partir de los 3 años, aunque algunas se pueden emplear antes, serán la principal fuente de enriquecimiento del tacto, por lo general a partir de las manos.

Existen algunos juegos específicos que nos pueden permitir que los niños disfruten mientras estimulan su sentido del tacto:

• **Hacer cosquillas.** Con las cosquillas, él, además de disfrutar de un rato divertido con el adulto, recibe muchas sensaciones táctiles agradables.

• **Descubrir a través del tacto.** Se trata de un juego excelente para trabajar las diferentes cualidades táctiles de los objetos. Consiste en taparle los ojos al niño y pedirle que reconozca diversos objetos mediante el tacto. En lugar de taparle los ojos, también podemos colocar los objetos que queramos que reconozca dentro de una caja, un baúl o un saco que le evite poder verlos. Es posible emplear distintos tipos de objetos, desde frutas, hasta útiles de cocina, piezas de ropa, etcétera.

- **La gallinita ciega.** Es un buen juego para desarrollar el sentido del tacto y también el de la audición. En función de cómo se practique, podemos solicitar al niño que reconozca a diferentes personas a partir de su tamaño, la longitud de su cabello, etcétera o también podemos hacer que se desplace por el piso utilizando como referencia tan solo sus sensaciones táctiles.

- **Los juegos en la arena**, ya sea en el parque o en la playa. Son un buen juego para estimular tanto el desarrollo del sentido del tacto como la creatividad de los pequeños y desarrollar habilidades visomanuales.

## El juego y el desarrollo del gusto y el olfato

El gusto y el olfato son dos sentidos importantes en la vida cotidiana; sin embargo, no tienen una incidencia directa en el desarrollo, especialmente en lo relativo al aprendizaje. No obstante, tanto el gusto como el olfato ejercen una función muy importante en lo que se refiere a la prevención de algunos riesgos para nuestra salud. Especialmente, el olfato se encargará de avisarnos cuando exista una amenaza cercana, provocando una respuesta inmediata de huida o de lucha ante esta posible amenaza. Por ejemplo, el sentido del olfato nos avisa si un alimento puede estar en mal estado, aunque su aspecto sea adecuado, o bien nos puede informar de la presencia de algún tipo de gas en el ambiente que pueda resultar peligroso. También el sentido del gusto nos puede alertar ante la ingesta de alimentos en mal estado o que pueden resultar dañinos para nuestra salud.

En cambio, durante la primera infancia, con bastante frecuencia, el niño se llevará todos los objetos a la boca, ya que esta será una de las fuentes de información más fiables que tiene y que le permitirá establecer algunas de las características más importantes del objeto en cuestión, como su sabor, su tamaño, su dureza o algunos rasgos básicos de su textura. Sin embargo, esta fuente de información será pronto desplazada por sistemas más eficaces, como la información visual, táctil y auditiva, a medida que estos sentidos vayan madurando y le puedan aportar mayor información al niño.

Ambos sentidos se encuentran íntimamente relacionados, especialmente el sentido del gusto con el del olfato, y esta relación se puede experimentar fácilmente cuando una persona se encuentra congestionada, momento en el cual no percibirá prácticamente el sabor de los alimentos, ya que el sentido del olfato es el responsable de aportar muchas de las sensaciones que percibimos cuando ingerimos dicho alimento.

## SABER +

Las aferencias sensoriales del olfato al cerebro se encuentran muy próximas a la región donde se almacena la memoria y también gran parte del cerebro emocional. Por este motivo, así como por las conexiones que se establecen entre estas partes del cerebro, es muy frecuente que determinada fragancia nos pueda recordar episodios de la vida, tanto positivos como negativos. Resulta frecuente asociar ciertos olores a lugares o a personas concretos, como hospitales, el hogar, el perfume de un ser querido o la comida que cocinaba nuestra madre o abuela. Recuerdos olfativos que despertarán rápidamente en nosotros emociones positivas o negativas…

El sentido del olfato es prácticamente el único de los sentidos que envía directamente sus percepciones a sectores relevantes del cerebro, con lo que existe un escaso filtro hasta que estas sensaciones llegan a la conciencia. Esto se debe a la importancia que tienen, en determinadas ocasiones, las percepciones olfativas para la supervivencia.

El sentido del olfato proporciona al niño nuevas experiencias. En el campo, el niño puede disfrutar de las fragancias de las flores o de la hierba.

### Proporcionar oportunidades de experimentar sabores y olores

La mejor manera de potenciar el desarrollo de estos sentidos consiste en proporcionar al niño oportunidades de experimentar mediante estos sentidos. Facilitar que los niños tomen alimentos de diferentes tipos, procurando que tengan una dieta variada, será uno de los mejores modos de potenciar el desarrollo del sentido del gusto y del olfato.

Otra forma de fomentar los sentidos del gusto y el olfato, especialmente este último, supone proporcionar al niño diferentes experiencias, por lo general en lo referente a distintos lugares, como el campo, la playa, la montaña, etcétera. Así, realizar visitas a sitios como el mercado será un excelente medio para que el niño pueda experimentar diversos olores y asociarlos con los alimentos y especies de las cuales proceden.

También existen algunos juegos que pueden ayudar a desarrollar de forma más fina los sentidos del gusto y el olfato, como jugar a adivinar olores en diferentes situaciones. Puede resultar especialmente útil en el campo, donde podemos descubrir distintas fragancias, como las de las flores, la hierba, una granja cercana o el suelo húmedo, entre otras cosas.

Otra forma de experimentar mediante el sentido del gusto y del olfato consiste en jugar a descubrir alimentos a partir de su gusto o bien de su olor. Para realizar estos juegos será necesario taparle los ojos al niño y proporcionarle diversos sabores y olores que él pueda reconocer. En este tipo de juegos también es bueno que el adulto participe activamente y ponga a prueba la exactitud de sus sentidos.

## SABER +

Desde prácticamente el momento del nacimiento, el bebé es capaz de reconocer olores que identifica como agradables y otros que le pueden disgustar o molestar. Los olores que gustan al bebé son el olor de los padres, olores suaves y dulces como la vainilla o la canela o el perfume de flores, fragancias o perfumes suaves y el olor de la leche materna.

Por otra parte, existirán ciertos olores que le pueden molestar o inquietar, tanto de niños como de adultos, entre ellos, el tabaco, los productos de limpieza o los olores fuertes en general.

# LOS PADRES
# PREGUNTAN

#  ¿Cómo puedo potenciar la creatividad de mi hijo a través del juego?

Los niños son, por lo general, creativos; una de sus principales características es la espontaneidad. Sin embargo, el juego puede ayudarlos en gran medida a buscar alternativas ante problemas, a ser más flexibles en su razonamiento y a crear nuevas formas de juego a partir de diversos juguetes o de juegos ya conocidos. Este aprendizaje facilitará la maduración de su creatividad, tan valiosa y necesaria en nuestros días.

El juego, juntamente con la literatura y también las manualidades, es una de las herramientas más atractivas y eficaces para desarrollar tanto la fantasía como la creatividad de los pequeños, aunque también de los mayores.

Para que un juego ayude a desarrollar la creatividad, debe ser lo más abierto y con el mayor número de potencialidades posible, de manera que, cuanto que más indeterminado sea el juguete, más alas proporcionará a la creatividad del niño. Es muy común ver a niños jugar con objetos cotidianos de cualquier tipo dotándolos del significado que más les conviene en ese momento; así, una cuchara se puede convertir en un avión, un libro en una plataforma para que un coche salte o para aparcar los vehículos.

Lo mismo ocurre con los juguetes, puesto que los niños les darán el uso que más les convenga en función del juego que decidan iniciar, ya sea solos o en compañía, y probablemente el uso para el que fue diseñado el juguete diste mucho del uso final que le destine el niño.

El principal impedimento para el desarrollo de la creatividad en el niño son los juguetes que solo se pueden emplear para un uso determinado, que, por otra parte, son los primeros que suelen quedar

Es muy importante fomentar la creatividad de los niños: los colores, la plastilina o las pinturas son unas buenas herramientas.

olvidados en un rincón, a pesar de que inicialmente pueden llamar poderosamente su atención al tratarse, por lo general, de juguetes atractivos con mucho colorido, algunos de ellos capaces de hablar, etcétera. Pero el niño tenderá rápidamente a volver a jugar con sus muñecos o con cualquier objeto que resulte útil para sus intereses en el momento en que se dispone a jugar.

De modo que los juguetes que más facilitarán el desarrollo de la creatividad del niño serán aquellos que posean un mayor potencial de usos distintos; por ejemplo, no hay más que ver la sencillez de un balón y la multitud de juegos de diferente índole que se puede realizar a partir de él, sin mencionar el impacto mundial que tiene esta simple esfera en todo el planeta. Algo parecido sucede con las muñecas y muñecos tradicionales. Una de las herramientas más importantes para estimular la creatividad es la propia espontaneidad del niño, la cual debemos procurar respetar y animar en relación al juego, ya que en otros entornos tenderemos a mitigarla.

## Consejos para facilitar la creatividad en el juego

- Dejar que el niño experimente, que pruebe nuevas formas de emplear los juguetes y de cambiar de juegos.

- Proponer actividades, pero no imponerlas. El juego es para que el niño se divierta, de manera que solo disfrutará de aquello que realmente le guste y le apetezca hacer; si proponemos diferentes actividades, podrá elegir y le proporcionaremos recursos para nuevos juegos.

- Jugar con ellos y enriquecer su juego con propuestas y variaciones. Aunque los padres deben adaptarse al tipo de juego que realiza el niño, siempre pueden proponer cambios que enriquezcan el juego.

- No pretender enseñar siempre. El juego está destinado al disfrute, así que no siempre es el momento para que el adulto enseñe cómo se debe jugar o cómo se debe emplear un juguete en

concreto, sino que es mejor adaptarnos a su juego y, a partir de aquí, proponer diversos usos y formas.

- Tomar decisiones, una buena forma de estimular la creatividad y el pensamiento divergente, es decir, la originalidad, la inventiva y la flexibilidad, consiste en la resolución de problemas de forma conjunta, buscando alternativas hasta encontrar la más apropiada, ya esté relacionada con algún aspecto del juego o con situaciones cotidianas.

- Utilizar materiales que no estén pensados para usarse necesariamente para jugar. Una buena herramienta, en este sentido, consiste en el empleo de materiales reciclados, como cajas de cartón, tapones de botellas o papel borrador, que nos pueden servir para crear nuestros propios juguetes.

## UN PEQUEÑO CONSEJO

La sociedad de consumo a menudo nos lleva a creer que los juguetes más caros, más grandes y de marcas conocidas, que suelen salir anunciadas en televisión, son los mejores. Sin embargo, estos criterios tal vez no sean los más adecuados para elegir el juguete. Debemos valorar especialmente las potencialidades de uso que tiene ese juguete: ¿qué es lo que podrá hacer el niño con él?, ¿podrá desarrollar diferentes tipos de juego?, ¿lo podrá utilizar en cualquier lugar?, ¿supondrá dificultades cada vez que se tenga que montar el juguete? También es muy importante valorar, antes de comprar, qué juguetes tiene, si precisa más, con qué tipo de juguetes se entretiene más y si podrá compartir ese juguete con otro.

# 2 ¿Cómo y cuándo utilizar los videojuegos?

**Los videojuegos son una de las fuentes de entretenimiento más populares en la actualidad, tanto para los más pequeños como para los mayores, motivo por el cual resulta necesario saber cómo y cuándo emplearlos, sin olvidar que se trata de una fuente de juego más y no de la única a la que deben estar expuestos los niños.**

Los videojuegos y el uso de las nuevas tecnologías han pasado a formar parte de nuestra vida cotidiana en los últimos años con una gran fuerza, hasta el punto de desplazar en algunos casos cualquier tipo de ocio ajeno a ellos. Sin embargo, debemos tener presente que los videojuegos son un juguete o un juego más, no el único ni seguramente el más enriquecedor. Los niños de hoy en día siguen necesitando moverse, jugar con juguetes tradicionales y jugar al aire libre para poder desarrollar todas sus potencialidades, tanto físicas como mentales y de relación.

Debido a la fuerza con la que han entrado en la sociedad, es necesario que los padres estén informados y conozcan de primera mano las herramientas de ocio que utilizan sus hijos; así, del mismo modo que nunca comprarían un juguete sin verlo antes, tampoco deberían dejar que sus hijos jugaran a un videojuego sin antes haberlo probado ellos.

### ¿Cuándo utilizar los videojuegos?

El uso de los videojuegos no resulta recomendable antes de los 6 años de edad, y especialmente antes de los 3 años, debido a que el niño todavía está desarrollando su visión.

Otro punto que debe tenerse presente es limitar el tiempo que se dedica a ellos, ya que debemos tener presente que solo se trata de un tipo de ocio más y que un exceso de exposición puede resultar absorbente, y puede implicar que el niño no sepa disfrutar de otras fuentes de ocio. En este sentido, conviene señalar, además, que durante el tiempo que el niño dedique a los videojuegos dejará de estar en contacto con aquellos que le rodean aunque estén a su lado, que se distanciarán de ellos, excepto que jueguen con ellos.

Por otra parte, hay momentos en los que los videojuegos no son apropiados, sobre todo por esta función de distanciamiento de aquellos que le rodean, especialmente cuando la familia está unida realizando algún acto en común, como una comida o una salida. Sin embargo, no deja de ser frecuente ver a niños con sus pequeñas consolas jugando incluso mientras comen, sin comunicarse más que lo estrictamente necesario con los que lo acompañan.

### Escoger los videojuegos

La primera herramienta para escoger bien los videojuegos consiste en saber exactamente qué juego vamos a comprar, cuáles son sus contenidos, de qué tipo de juego se trata, qué valores puede transmitir, si puede resultar útil para el aprendizaje del niño o si posee contenidos que podemos considerar inapropiados para él o ella.

Con el fin de ayudar a los padres a elegir los videojuegos para sus hijos, existen diferentes clasificaciones por edad que pueden constituir una buena orientación. La clasificación PEGI (Pan European

Los adultos deben supervisar siempre los videojuegos a los que accedan sus hijos e implicarse en ellos, e incluso jugar juntos.

Game Information) puede resultar una buena fuente de información antes de comprar determinado videojuego.

La clasificación realizada por esta organización contempla tanto los rangos de edad a partir de los cuales se puede utilizar determinado juego como la presencia de contenidos que pueden parecernos poco adecuados, como violencia, lenguaje inapropiado, juegos que pueden inducir miedo, referencias sexuales o a drogas, discriminación o fomento del juego de apuestas. Esta clasificación se puede consultar *online* en la página www.pegi.info, aunque también se encuentra información disponible en las carátulas de los videojuegos.

## Cómo utilizar los videojuegos

Un primer paso para garantizar un buen uso de los videojuegos consiste en que los adultos los conozcan bien. Así, cuando un videojuego entra en casa, es aconsejable que los padres sean los primeros en

probarlo para saber con mayor exactitud de qué se trata y si es adecuado o no para su hijo. Esta será la mejor manera para poder valorar su conveniencia o no.

Otra cosa más que debe tenerse en cuenta es compartir los videojuegos con el niño, interesarse por ellos y, sobre todo, en la medida de lo posible, jugar con ellos. De esta manera, además de poder pasar un buen rato con ellos, los padres serán completamente conscientes de a qué tipo de videojuego están expuestos sus hijos y podrán hablar sobre ellos y explicarles de forma razonada qué es aquello que está bien y aquello que no, del mismo modo que lo harían con una película.

Lógicamente, siempre que el niño esté jugando a la videoconsola o al ordenador, los padres no podrán permanecer en todo momento con él o ella, pero resulta importante que antes de empezar existan unas normas muy claras en casa acerca de cómo se deben utilizar los videojuegos y ser estrictos con ellas. Algunos de los aspectos que deberían reflejar son:

• El tiempo máximo de juego.

• El horario o los momentos del día o la semana en los que puede emplear el videojuego.

• Utilización de los videojuegos en espacios comunes o en habitaciones abiertas a toda la familia.

• Conocimiento de a qué juegos puede y a qué juegos no puede jugar, especialmente si hay hermanos mayores o juegos de los padres.

Es importante estar atentos a cuánto tiempo juega, cuál es su conducta durante el juego y procurar que el tiempo de exposición no sea excesivo. Si en el juego observamos conductas propias de nerviosismo, ansiedad o frustración, además de retirar el juego es bueno y necesario hablar con el niño sobre las consecuencias que puede acarrearle el uso de los videojuegos.

En el caso de los adolescentes, quienes suelen pasar mayor tiempo ante los videojuegos, también es muy aconsejable que se establezcan pausas en el juego y que los periodos de juego no superen las 2 horas, al mismo tiempo que es recomendable que sigan utilizando los juegos en espacios comunes.

## SABER +

En los videojuegos, cada vez es más común el uso de juegos *online* en los que se participa en juegos con jugadores desconocidos a través de Internet. Estos juegos pueden resultar muy atractivos, sobre todo por su elevada interactividad, tanto con el juego mismo como con los otros participantes. Sin embargo, debemos ser muy cuidadosos con ellos, ya que al mismo tiempo que acercan al jugador a otras personas lejanas y desconocidas, puede provocar un mayor alejamiento de su realidad más próxima. Asimismo, en el juego con otros jugadores, generalmente desconocidos, los padres deben estar aún más alerta para saber a qué juegan y con quién, y sobre qué temas se comunican sus hijos mediante el ordenador, así como insistir en que en la red no proporcionen ningún tipo de información a desconocidos.

# 3 ¿Por qué surgen problemas de conducta en el juego? ¿Cómo podemos reconducirlos?

Los juegos compartidos con otros niños, ya sean hermanos o amigos, además de constituir una fuente de entretenimiento y disfrute, también pueden convertirse en muchas ocasiones en motivo de enfado y riñas. El papel de los adultos como modulador resulta básico para que los niños desarrollen habilidades sociales y de cooperación con los otros.

## SABER +

El empleo de castigos debe ser poco frecuente, ya que un sistema de castigos habitual termina por provocar que estos pierdan su eficacia, al mismo tiempo que es más importante que los niños entiendan por qué su conducta ha resultado inapropiada. Además, los castigos deben reunir una serie características para que realmente resulten útiles:

• Deben ser breves. Cuando los niños están castigados durante un periodo de tiempo demasiado largo, se olvidan del castigo y empiezan a jugar con cualquier cosa que esté a su alrededor. Los castigos solo sirven para cambiar la conducta del niño en ese momento y para que se dé cuenta de que esta es inadecuada.
• El castigo debe estar relacionado, en la medida de lo posible, con la conducta realizada; así, si ha roto un objeto, tendrá que intentar repararlo o limpiar lo que ha ensuciado, por ejemplo.

• El castigo debe cumplirlo solo. No puede ni debe tener más atención, aunque sea negativa, a consecuencia de sus malas conductas.
• Es necesario que después del castigo se produzca una reflexión sobre lo que ha sucedido para poder evitarlo en posteriores ocasiones.

Otros aspectos que también se deben considerar son los siguientes:
• Se deben evitar las amenazas, sobre todo aquellas que los padres saben que no van a poder cumplir o de las que luego se puedan arrepentir.
• Cuando se ha cumplido el castigo, la conducta negativa ya ha desaparecido, es decir, el niño ya ha saldado su «pena», con lo que esta conducta ya no se debe tener en cuenta.
• No es recomendable levantar la voz. El niño comprenderá mejor un requerimiento claro, seco y seguro mirándolo a los ojos, que un grito, que seguramente le alterará más.

---

A menudo surgen problemas con respecto a aspectos relacionados con el juego, sobre todo entre hermanos, pero también entre amigos. Los motivos de las riñas pueden ser muy variados, desde que ambos quieren el mismo juego, a que uno ha hecho trampas, uno de ellos no acepta haber perdido o a que uno quiere imponer las normas en el juego y el otro no da el brazo a torcer.

De hecho, deberíamos considerar estos pequeños problemas como una necesidad de aprendizaje social, que se ha de convertir en la capacidad para poderse adaptar a las normas de tipo social y poder mostrar conductas adaptativas ante las frustraciones que nos produce la vida diaria, desarrollando estrategias para poder colaborar con otros y aceptar perder en situaciones reales.

De algún modo, es positivo que estas conductas surjan en casa, ya que será desde este entorno donde resultará más fácil poderlas trabajar para convertirlas en actitudes adecuadas y que permitan al niño adquirir unas buenas destrezas para la resolución de conflictos. Una de las mejores formas de proporcionar recursos para la resolución de estos problemas supone el uso del modelaje, es decir, mostrar directamente cómo resolveríamos nosotros el conflicto, para que los niños vean cómo se pueden solucionar los problemas de forma pactada y sin que estos vayan a más. Esto también implica que los adultos deben estar atentos a los modelos que proporcionan en sus actividades a sus hijos, ya que estos tenderán a imitarlos, puesto que son su principal referencia.

De este modo, la mejor manera de prevenir los conflictos en el juego es mediante este papel de modelaje, que implica que los padres se involucren a menudo en el juego y de esta forma puedan mostrar a sus hijos las conductas más

adecuadas que se deben seguir ante posibles conflictos.

En ocasiones, cuando las riñas van a más, puede resultar necesario introducir pequeños castigos, simplemente para que los niños sean conscientes de que aquello que han hecho estaba mal; no obstante, no podemos ceñirnos tan solo al castigo, sino que es necesario que después de que los ánimos se hayan calmado, los adultos puedan hablar de lo sucedido con el niño, y que también este pueda explicar cómo se ha sentido, qué le ha llevado a actuar así y que él mismo proponga otras formas de comportamiento que podrían haber resultado más adecuadas y eficaces. Sin embargo, este tipo de reflexión solo puede tener lugar cuando los ánimos ya están calmados, ya que mientras todavía estén exaltados les resultará muy difícil reflexionar y distanciarse del conflicto para poder buscar soluciones diferentes.

# 4 ¿Qué juegos puedo utilizar para estimular la inteligencia de mi hijo?

**Los juegos, por sí solos, de un modo u otro, estimulan la inteligencia del niño. Sin embargo, algunos de ellos pueden aportar mayores beneficios al desarrollo de las habilidades cognitivas del pequeño.**

Existen muchos tipos de juego que estimulan la inteligencia del niño, puesto que el juego es una de las herramientas más importantes para su desarrollo. De hecho, con todos los juegos que hemos ido exponiendo a lo largo del capítulo sobre el juego y el desarrollo de los sentidos estaremos enriqueciendo la inteligencia de los niños a través de los diferentes sentidos.

No obstante, existen diversos tipos de juegos que, por sus características, pueden ayudar a potenciar distintas habilidades del pensamiento, al mismo

tiempo que los niños, y a menudo los adultos, disfrutan de su práctica. A continuación señalaremos algunos de los juegos más estimulantes.

### Los juegos de construcción
Los juegos de construcción representan uno de los juegos más completos en lo que a la estimulación de habilidades cognitivas se refiere, ya que suponen el trabajo combinado de diferentes habilidades para poder realizar los juegos con cierta destreza. Además, los juegos de construcción se pueden practicar desde edades muy

## SABER +

¿Cuantas inteligencias tenemos? Las teorías más aceptadas actualmente nos hablan de más de 7 inteligencias, entre las que cabe destacar la lingüística, la musical, la interpersonal, la intrapersonal, la lógico-matemática, la visual y espacial, y la corporal y cinestésica (movimiento). Todas ellas pueden ser estimuladas a partir del juego.

tempranas con los primeros bloques de apilamiento, los bloques de construcción grandes hasta llegar a los populares juegos de construcción mediante piezas más o menos pequeñas o los de tipo Meccano.

Los juegos de construcción potencian habilidades cognitivas tan importantes como la planificación, el razonamiento espacial, la creatividad, la coordinación ojo-mano y el desarrollo de imágenes mentales, de manera que se trata de unos juegos muy enriquecedores.

No obstante, podemos encontrar niños a los que no les guste este tipo de juegos, en muchas ocasiones porque se consideran poco hábiles en ellos y prefieran otro tipo de juegos. En estos casos, lo mejor será practicar el juego conjuntamente a partir de modelos sencillos que deban reproducirse, no tanto ayudándolo, sino compartiendo con él o ella la tarea.

### Los juegos de atención y memoria
Existen diferentes tipos de juegos que pueden resultar una buena herramienta para el entrenamiento de habilidades cognitivas tan importantes como la atención y la memoria. Uno de los juegos clásicos en este sentido es el Memory, en el que los participantes deben buscar 2 imágenes iguales entre diferentes cartas, teniendo, en este caso, que estar muy atentos a las posiciones de las distintas imágenes y recordar el lugar que ocupan, lo que estimula ambas habilidades, que resultan esenciales para el aprendizaje.

Otros juegos que permiten desarrollar la capacidad de atención ante estímulos visuales son aquellos basados en la búsqueda de personajes en un libro o de diferentes objetos en particular. Estos juegos ayudan a desarrollar la atención, la discriminación y la memoria visual.

Un juego muy apropiado para el desarrollo de la atención y la memoria es el clásico Simon, donde se ejercita tanto la atención como la memoria de secuencias.

### Los juegos de mesa
Existe un gran número de juegos de mesa, pero prácticamente todos ellos tienen en común entre sus bases el trabajo de la planificación y el razonamiento; además, también pueden ayudar a que los niños colaboren en el proceso de aprendizaje de las normas. Generalmente, la mayoría de juegos de mesa son difíciles de emplear antes de los 6 años, ya que implican periodos prolongados de atención, así como unas bases de razonamiento y planificación para poder jugar con ellos, salvo algunas variaciones sencillas de juegos como el dominó mediante colores o ilustraciones.

Podríamos hablar de dos tipos de juegos de mesa, los clásicos como el parchís, el tres y el cuatro en raya, las damas y el ajedrez, y los más modernos, como aquellos en los que se deben construir imperios hoteleros, resolver asesinatos o bien responder a preguntas de conocimientos.

Todos los juegos clásicos trabajan el razonamiento, la planificación y la atención, en diferentes tipos de tarea y en distintos grados de dificultad. El más difícil es el juego del ajedrez, en el cual cada uno de los jugadores tiene que planificar muy bien su jugada, estar muy atento a las jugadas de su adversario, conocer perfectamente los movimientos que se pueden realizar y controlar sus impulsos. En cambio, el juego tal vez más sencillo sea el tres en raya, que constituye uno de los juegos más apropiados para iniciar a los niños en los juegos de mesa con normas; no obstante, a pesar de ser un juego sencillo, también supone un trabajo interesante en relación a la planificación, la atención, el manejo de la impulsividad y el razonamiento.

Por otra parte, los juegos más modernos basados en diferentes tipos de objetivos también aportan el trabajo de múltiples habilidades cognitivas, las cuales variarán en función del tipo de juego; por ejemplo, los juegos de preguntas y respuestas estimulan sobre todo la adquisición de conocimientos, así como la atención; los basados en la creación de complejos hoteleros potencian la planificación, el razonamiento y la gestión de recursos; otros, como los juegos de categorías, ayudan, sobre todo, al desarrollo del lenguaje, el razonamiento verbal y la atención.

Por último, cabe decir que los juegos de mesa constituyen una excelente herramienta para pasar un buen rato en familia, disfrutando conjuntamente.

## Los juegos de cartas

Existen juegos de cartas para todas las edades y con un gran número de características diferentes en función de los objetivos que se impulsan en el juego y la forma de jugar a ellos. No obstante, en la mayoría de juegos de cartas, la suerte ejerce un papel esencial, de manera que las habilidades que se potencian con este tipo de juegos se refieren ante todo a la atención y al conocimiento de las normas, más que a un trabajo cognitivo más complejo, como puede ser el razonamiento o la planificación.

## Juegos de razonamiento perceptivo y coordinación mano-ojo

Existen diferentes tipologías de juegos que favorecen el desarrollo del razonamiento perceptivo y la coordinación mano-ojo. Algunos de los más estimulantes son los juegos de construcción, de los que ya hemos hablado; sin embargo, para mencionar algunos de ellos, entre los más eficaces y populares, podemos citar los siguientes:

- Juegos de enhebrar. Este tipo de juegos, en los que se debe pasar un cordel por los diferentes agujeros del dibujo, suponen un trabajo fino de coordinación mano-ojo, al mismo tiempo que estimulan la orientación espacial y la habilidad manual. Además, los juegos de enhebrar se pueden empezar a practicar desde edades tan tempranas como los 3 años.

- Los juegos para crear collares mediante bolitas y otro tipo de piezas pequeñas son excelentes para trabajar la coordinación mano-ojo, al mismo tiempo que estimulan la planificación y la visualización de aquel objeto que se va a realizar.

- Los puzles. Existen puzles para prácticamente todas las edades, desde los primeros encajes hasta los puzzles en tres dimensiones. Los puzles permiten la estimulación de la coordinación mano–ojo, al mismo tiempo que mejoran el razonamiento, la planificación, la percepción y la discriminación visual y la atención, convirtiéndose de esta forma en un entretenimiento muy válido para potenciar diferentes habilidades cognitivas.

- El *tangram* y el *pentomimos* (rompecabezas formado por figuras geométricas). Ambos constituyen un juego excelente para estimular la coordinación mano-ojo, el razonamiento perceptivo y la percepción visual. Se trata de juegos en los que, a partir de un modelo, los niños deben reproducir diferentes tipos de dibujos, siempre en combinaciones de las distintas piezas de las que consta el juego.

## Pasatiempos

Los pasatiempos son otra herramienta que permite a los niños disfrutar de un rato entretenido mientras estimulan sus habilidades cognitivas; por ejemplo, los juegos donde se buscan las diferencias estimulan su percepción visual, especialmente la discriminación de estímulos y también la atención visual, al mismo tiempo que para realizar este tipo de tareas deben planificar sus ejecuciones. Por otra parte, los laberintos permiten estimular su coordinación visomotora y su grafomotricidad fina, lo mismo que ocurre con los juegos de unir puntos para realizar un dibujo. Otro pasatiempo interesante es el relaciona-

Los juegos de enhebrar suponen un buen entrenamiento para la coordinación entre la visión y las manos, además de estimular la orientación espacial.

do con las sopas de letras, en las cuales se estimula tanto la percepción como la atención visuales, y hasta cierto punto la lectura y los movimientos oculares que tienen lugar con ella.

# 5 ¿Por qué llevar al niño al parque?

El parque es una de las pocas oportunidades que tienen los niños para poder disfrutar del juego al aire libre a lo largo de la semana, al mismo tiempo que ejercitan sus habilidades físicas y pueden practicar diversos juegos que difícilmente podrán realizar en su hogar.

Los niños pasan buena parte del día en la escuela, sentados, escuchando, escribiendo o leyendo; cada vez más, suelen ir y volver del colegio sentados en el coche, para, cuando llegan a casa, sentarse de nuevo en el escritorio para hacer los deberes o para ver la televisión, jugar un rato a la consola, etcétera. Así, la actividad física que realizan los niños a lo largo de la semana se reduce a unas pocas horas de educación física y el tiempo de los recreos, cuando, generalmente, todos salen corriendo para poder jugar a sus juegos preferidos.

Para algunos niños, ir al parque después del colegio puede resultar casi una necesidad, puesto que algunos tienen más dificultades para poder estar sentados, quietos y tranquilos durante largos periodos de tiempo, así que precisarán un tiempo para poder liberar la tensión acumulada que les supone el esfuerzo que deben hacer para poder estar sentados y atentos durante toda la jornada escolar. El parque o la práctica de un deporte serán buenas herramientas para que puedan canalizar su exceso de energía, que, de otro modo, podría dar lugar a problemas de conducta en casa o bien en la escuela.

Así, si se tiene en cuenta que la actividad física juega un papel determinante en el desarrollo de los niños, es necesario que puedan disfrutar de momentos de esparcimiento al aire libre, en los que puedan experimentar sensaciones diferentes como las que proporcionan los diversos tipos de columpios que podemos encontrar en los parques o simplemente que puedan experimentar con la tierra en el parque, saltar a la comba, jugar al pilla-pilla, al fútbol o subirse a los castillos. De este modo, el parque es un excelente lugar para que el niño pueda jugar de forma libre.

Asimismo, en el parque, el niño podrá establecer nuevas relaciones sociales con otros niños diferentes a los que van a su colegio, lo que abrirá las posibilidades de establecer amistades con más niños.

Es necesario que los niños realicen alguna actividad física, y los parques infantiles resultan perfectos para ello.

# 6 ¿Cómo debemos elegir los juguetes? ¿Debemos comprar siempre el juguete que más le guste al niño?

Los juguetes que los padres y resto de familiares compran a sus hijos pasarán a formar parte de su vida, por tanto, del mismo modo que eligen qué película pueden ver sus hijos, también deberán decidir con qué juegos quieren que jueguen sus hijos, lo que implica los valores que comportan y las distintas modalidades de juego que pueden experimentar.

Uno de los principales criterios para poder elegir un juguete para un niño es que este sea atractivo para él, ya que este hecho lo motivará a emplearlo. Sin embargo, esto no significa que aquellos juguetes que le gustan tengan que ser los más adecuados para su desarrollo. En este sentido, el criterio de los padres siempre debe estar por encima de aquellos juegos que puedan resultar más atractivos para el niño.

Por otra parte, en algunas ocasiones, hay niños y niñas que suelen jugar siempre con el mismo tipo de juego o juguete, lo que puede provocar que presenten un juego un tanto repetitivo, hecho que limitará tanto su fantasía y creatividad como el tipo de habilidades tan variadas que se puede potenciar a través del juego.

De manera que muchas veces la elección de los juegos y de los juguetes debe recaer directamente

A la hora de comprar un juguete hay que tener en cuenta la edad del niño, sus preferencias y los objetivos que deben cumplir.

en el criterio de los padres, que se deben basar tanto en el conocimiento que tienen de su propio hijo como en aquello que creen que le puede aportar determinado juguete, más allá de las modas y de los juegos más populares, que no tienen por qué ser los más pedagógicos ni los que posteriormente gusten más a sus hijos, ya que cuando el personaje del juego pase de moda, el juego también lo hará. No obstante, los juegos que poseen más potencialidades y opciones de uso son los que siempre irán a rescatar cuando se haya cansado del juguete de moda.

A continuación, presentamos una serie de criterios que pueden resultar útiles a los padres antes de tomar una decisión sobre qué juego o juguete comprar a sus hijos:

- La edad y las competencias que posea el niño deben ser las primeras referencias antes de comprar un juguete. Todos los juguetes poseen información sobre la edad a partir de la cual pueden emplearse, aunque en algunas ocasiones puede no ser del todo fidedigna.

- Debe ser poco determinado. Cuantos más usos se le pueda dar, más lo utilizará el niño y más estimulará su fantasía.

- Hay que considerar los valores que pueden transmitir ciertos juguetes y reflexionar sobre si esos valores son los adecuados para el niño.

- Debemos tener presente su personalidad, tanto para poder buscar aquellos juegos que puedan adecuarse más a esta como aquellos que pueden ayudar a estimular sus puntos débiles.

- Que el niño pueda aprender con ellos.

- Valorar si queremos un juguete que pueda compartir o preferimos que lo utilice él solo.

- Debe ser seguro. Se deben evitar juguetes que puedan incluir piezas pequeñas en el caso de los más pequeños o juguetes que puedan contener pinturas o elementos químicos que puedan resultar dañinos para la salud.

- Pensar en la cantidad de juguetes que posee el niño y cuántos de ellos usa, antes de comprar uno nuevo.

Lógicamente, pocos juguetes y juegos cumplirán todos los criterios aquí expuestos, pero constituyen una referencia que se puede tener presente antes de comprar.

# 7 Cuando intento enseñar un juego o un deporte a mi hijo, pierdo fácilmente la paciencia. ¿Qué puedo hacer para evitarlo?

Para poder enseñar alguna nueva habilidad o aprendizaje a un niño, especialmente si le puede resultar difícil, es necesario tener un ambiente de tranquilidad y confianza mutua; de otra manera, con prisas y mal humor, lo más fácil es que, en lugar de ayudar a aprender, este proceso se haga más complicado.

En algunas ocasiones, ciertas habilidades o juegos les pueden resultar muy difíciles de adquirir a algunos niños y niñas, como montar en bicicleta con dos ruedas o columpiarse o aprender las reglas de un juego de mesa complejo. En estas situaciones, los padres pierden la paciencia con facilidad, puesto que a ellos les parece muy sencillo aquello que están intentando enseñarles.

Sin embargo, cuando pierden la paciencia y levantan la voz o se inquietan con su hijo, en realidad lo que están provocando es que el niño se bloquee y sienta con mayor intensidad su falta de habilidad ante determinada situación.

Esta situación también se puede manifestar ante determinadas tareas escolares, especialmente los deberes, ante los cuales algunos niños pueden mostrar dificultades para comprenderlos o problemas de concentración que provocan que las tareas escolares en casa se tornen muy pesadas

*Algunos niños muestran más dificultades que otros a la hora de adquirir nuevas habilidades, pero hay que ser pacientes con ellos. Tarde o temprano, el niño disfrutará con el nuevo aprendizaje.*

y lleven a los padres a perder los nervios ante esta situación.

Como indicábamos antes, este comportamiento por parte de los padres tiende a agravar el problema, situación ante la cual es mejor dejar la tarea para otro día o solicitar la ayuda del otro progenitor para que se encargue de intentar ayudar a su hijo. Es importante que este cambio se realice antes de que el niño pueda vivir la inquietud o el malestar del padre, ya que, de lo contrario, sentirá el mismo sentimiento de incompetencia.

# 8 Mi hijo es muy fantasioso. ¿Por qué?

**Los niños disfrutan con el mundo de la fantasía, especialmente de los 3 a los 6 años, aunque más allá de esta edad seguirán disfrutando de los relatos literarios, de las princesas o de los superhéroes.**

La confusión entre realidad y fantasía es normal, pero solo hasta cierta edad, en concreto hasta los 6 o los 7 años, y en un grado no desmesurado. Hemos de decir que los niños, en términos generales, utilizan la fantasía por naturaleza, ya que buscan respuestas a sus preguntas y, si no las encuentran, las completan con su fantasía, especialmente antes de los 6 o los 7 años, edad en la que empezarán a tener un pensamiento más centrado en la realidad de aquello que ven y pueden experimentar. Hasta este

> Es normal que los niños utilicen la fantasía como forma de entender el mundo que les rodea; suelen mezclar la realidad y la fantasía.

momento, fantasía y realidad a menudo se confunden, lo que permitirá al niño dar respuesta a muchas de las incógnitas que le plantea el mundo que le rodea; así, sin detenerse a analizar la situación, aceptará como reales muchas creencias fantásticas, como la existencia de los Reyes Magos o Santa Claus, y, en otras ocasiones, podrá dar alas a su miedos infantiles.

En cambio, a partir de los 7 años podrán empezar a plantearse dudas sobre su existencia realizando un análisis más objetivo del suceso en sí. Sin embargo, a pesar de que a partir de los 7 años el razonamiento del niño se centra más en su realidad circundante y es más consciente de aquellos aspectos que son propios de la fantasía y aquellos que no lo son, le seguirán gustando los cuentos y las historias fantásticas, aunque será más consciente que antes de que estos no son reales, sino que pertenecen al mundo de lo imaginario, aunque en algunas ocasiones todavía podrán presentar miedos nocturnos ante seres imaginarios como brujas, duendes, etcétera. Ocurre algo semejante a una niña de 4 años que da de comer a su muñeca y que sabe perfectamente que esta no es una niña de verdad, pero aun así se divierte jugando a darle de comer.

## SABER +

Los miedos infantiles son muy comunes entre los más pequeños y suelen ir cambiando en función de la edad del niño. Algunos tienen un carácter casi universal, como el miedo a la oscuridad, y también son comunes el miedo a los animales, a las tormentas y a los seres imaginarios. Por lo general, los niños los superan de forma natural, y lo que debemos evitar es la sobreprotección o bien hacerles sentir culpables por su temor. Solo si perduran durante un periodo de tiempo prolongado puede resultar necesario consultar con un especialista en psicología infantil.

# 9 Mi hijo siempre juega a juegos y con juguetes de acción. ¿Es malo para su desarrollo?

La violencia no deja de ser un acontecimiento más o menos cotidiano, especialmente en los medios de comunicación. Los niños, particularmente los de sexo masculino, tienden a reproducir aquellas situaciones violentas que les han llamado la atención para revivirlas y resolverlas de una manera determinada. Con frecuencia, este comportamiento no es más que un aprendizaje y una forma de canalizar sus angustias. Aunque se puede convertir en un problema cuando el juego se transforma en agresión hacia el otro.

Especialmente los niños del sexo masculino presentan una marcada tendencia hacia los juegos en los que predomina la acción, el movimiento y la lucha, aunque esta actitud no debe alarmarnos en exceso, ya que es muy común, siempre y cuando estos juegos se rijan por unas normas y no sobrepasen los límites que conduzcan a la agresión en el juego con otros.

De algún modo, este tipo de juegos conllevan un aprendizaje social y también de experimentación con el propio cuerpo y pueden verse fácilmente en muchos animales no adultos, que juegan a luchar como una forma de preparación para la vida adulta.

Del mismo modo, los juegos con muñecos y las simulaciones de situaciones de violencia en el juego individual también son muy comunes en los niños, que suelen disfrutar con los saltos, las persecuciones y las peleas entre muñecos, entre otras cosas. Estos juegos a menudo representan una vivencia de aquello que se ha visto en una pelea en el colegio

o en la televisión, ya sea en los dibujos animados o bien en las películas, donde, lamentablemente, la violencia juega un papel bastante explícito. Sin embargo, lo más importante no es que juegue a este tipo de juegos, sino que distinga claramente lo que es juego de lo que deja de serlo y las dificultades que esto último puede conllevar.

El problema surge cuando el niño no sabe o no puede respetar los límites que entre ellos mismos se imponen en el juego y puede llegar a agredir o a hacer daño al compañero de juego. En estos casos es muy importante tratar bien la conducta y los motivos que le han llevado a la agresión. En el caso de que las agresiones a otros sean frecuentes puede ser recomendable la visita a un psicólogo infantil para poder valorar las posibles causas de la agresividad en el niño y las vías de resolución.

*Los niños tienen preferencia por los juegos de acción, el movimiento y la lucha, pero deben aprender a respetar ciertos límites.*

# 10 Nuestra educación no es sexista, pero, ¿por qué mi hijo juega con la pelota y los muñecos y mi hija con sus muñecas?

En muchas familias, a pesar de que traten de inculcar a sus hijos unos valores de igualdad, los niños y las niñas siguen tendiendo a jugar con los juegos que se han considerado, durante mucho tiempo, propios de su sexo. Lo más importante en este sentido es que los mensajes que se repiten muchas veces en casa no solo oralmente, sino también en la práctica, se acaban incorporando a los valores de los hijos. Aunque a veces no resulten evidentes, con el tiempo, estos valores se harán cada vez más patentes.

Existen diferentes estudios que indican que, por naturaleza, las niñas suelen preferir jugar a desempeñar papeles de protección y cuidado o de representación de situaciones cotidianas, mientras que los niños tienden a emplear juegos de acción y construcción, actitud bastante común cuando juegan niños del mismo sexo o bien solos.

Sin embargo, esto no significa que los adultos debamos potenciar este tipo de juego, sino que la

Las niñas, en general, muestran preferencia por los juegos en los que desempeñan un papel de protección o cuidado.

mejor praxis por parte de los padres consiste en favorecer el empleo de ambos tipos de juegos, ya que ambos proporcionan una serie de experiencias importantes para el desarrollo de los niños. No obstante, obligar a un niño o a una niña a que juegue a determinados juegos seguramente provocará el efecto contrario al deseado, puesto que el juego por su eminente carácter lúdico es libre, y la imposición de determinadas prácticas lo más probable es que provoque su rechazo, ya que se verá como una obligación.

Así, la mejor manera de poder motivar a los niños y a las niñas para que jueguen con juegos que antaño se consideraban del otro sexo consiste en facilitarles este tipo de juegos y participar activamente con ellos para que puedan disfrutar del juego y conocerlo de forma más directa. De este modo podrán elegir si les gusta o no, y, por tanto, decidir libremente si desean practicarlo o no.

De hecho, la tendencia social actual de practicar los valores de la igualdad entre hombres y mujeres no está directamente relacionada con el juego que estos practiquen, sino con los valores que se transmitan en las tareas cotidianas del hogar, el respeto en el seno de la familia y los papeles que se establecen dentro de esta.

# 11 ¿Son eficaces los juegos didácticos?

**La eficacia de los juegos didácticos reside ante todo en su empleo, puesto que de por sí pueden resultar un buen complemento para el aprendizaje de algunos conceptos de tipo más escolar. Sin embargo, el éxito de su empleo dependerá fundamentalmente de su presentación.**

En el mercado existen numerosos juegos didácticos que pueden constituir un buen complemento para el refuerzo de algunas enseñanzas escolares. Pueden tener un formato multimedia o bien presentarse como los tradicionales juegos de madera o las letras y números de gomaespuma o en imanes, como las representaciones del cuerpo humano, entre otros. Son una buena herramienta para que algunos de estas enseñanzas puedan tener una continuidad en casa de una forma más lúdica, ya que permiten acercarse a ellas de una forma diferente y, a menudo, más atractiva.

Ciertamente, estos juegos son eficaces, sobre todo si somos capaces de que con ellos, que ya de por sí, generalmente son atractivos, podamos disfrutar de un juego divertido y que resulte motivador para el niño. No obstante, si este lo percibe como una tarea casi escolar y, además, se trata de un aprendizaje que le resulta difícil, rápidamente querrá dejar el juego, así que la presentación será algo fundamental.

Incluso, con algunos de estos juegos y juguetes, el niño puede experimentar por sí solo sin que tenga que mediar directamente el adulto. Así, son interesantes los juegos basados en puzles o bien los clásicos juegos de montar y desmontar el cuerpo humano. Aunque a menudo nos pueda parecer que simplemente los manipulan, más adelante podrán recuperar esta información para incorporarla a sus aprendizajes, ya que les permite experimentarlos de una forma diferente y más próxima a su percepción sensorial que las explicaciones o las fotografías.

En lo referente a los software educativos, algunos de ellos están muy bien diseñados y pueden resultar útiles en diferentes aprendizajes, como, por ejemplo, la lectura y la escritura; además, el simple hecho de ponerse delante del ordenador para los niños ya es como un juego en sí. No obstante, no se trata de que el niño lo emplee solo, sino que para conseguir un mayor rendimiento tendrá que existir el tutelaje y la guía por parte del adulto.

Los juegos didácticos, que suelen gustar mucho a los niños, son un buen complemento para el aprendizaje de algunas enseñanzas escolares.

# Bibliografía

Ayres, A. Jean, *La integración sensorial y el niño*, Editorial MAD, Sevilla, 2006.

Catalán, J.; Casaprima, V.; Ferré, J; Mombiela, J., *Técnicas de tratamiento de los trastornos de la lateralidad*, Editorial Lebón, Barcelona, 2006.

Doman, Glenn; Doman, Janet, *How smart is your baby?: develop and nurture your newborn's full potential*, Garden City Park, Nueva York, 2006.

Estalayo, Víctor; Vega, María Rosario, *Inteligencia auditiva: técnicas de estimulación prenatal, infantil y permanente*, Editorial Biblioteca Nueva, Madrid, 2005.

Kovacs, Francisco, *Hijos menores. Guía para una educación inteligente*, Editorial Martínez Roca, Barcelona, 1999.

Martínez Criado, Gerardo, *El juego y el desarrollo infantil*, Octaedro, Barcelona, 1998.

Osterrieth, P., *Psicología Infantil*, Morata, Madrid, 1999.

Piaget, Jean; Inhelder, B., *Psicología del niño*, Morata, Madrid, 2002.

Rodríguez Estrada, Mauro; Ketchum, Martha, *Creatividad en los juegos y juguetes*, Editorial Pax, México D. F., 1995.

Walker, Peter, *El arte práctico del masaje infantil: una guía sistemática de masajes y ejercicios para bebés de 0 a 3 años*, Paidotribo, Barcelona, 2001.

## Otros títulos de interés general

Comellas, Maria Jesús, *Nieto: instrucciones de uso*, Larousse Editorial, Barcelona, 2010.

*El bebé: instrucciones de uso*, Larousse Editorial, Barcelona, 2008.

Grandsenne, Ph., *Ñam-ñam. Mi bebé come bien*, Larousse Editorial, Barcelona, 2008.

*Padres*, Larousse Editorial, Barcelona, 2008.

Rufo, M.; Schilte, Ch., *Zzzzz. Mi bebé duerme bien*, Larousse Editorial, Barcelona, 2008.

—, *Gugu-tata. Mi bebé ya habla*, Larousse Editorial, Barcelona, 2008.

—, *Snif-snif. Mi bebé ya no llora (tanto)*, Larousse Editorial, Barcelona, 2009.

# Direcciones de interés

- Sociedad Española de Pedagogía
  C/ Vitruvio , 8
  28006 Madrid
  http://www.uv.es/soespe

- AELFA Asociación española de Logopedia,
  Foniatría y Audiología
  C/ Violante de Hungría, 111 - 115
  Portal 4, Escalera B
  08028 Barcelona

- Asociación española de fabricantes
  de juguetes
  Marqués de Urquijo, 6 1ºA - 28080, Madrid
  La Ballaora, 1 - 03440 Ibi (Alicante)
  www.aefj.es

- aDeSe
  Asociación Española de Distribuidores
  y Editores de Software de Entretenimiento
  C/ O´donnell, 34 3º D - 28009 Madrid
  http://www.adese.es/

# Sitios de Internet

- Psicología y pedagogía
  psicopedagogias.blogspot.com

- Estimulación temprana
  y desarrollo infantil
  estimulaciónydesarrollo.blogspot.com

- Bebés y más
  www.bebesymas.com

- Dibujos para colorear y manualidades
  www.yodibujo.es/

- Juegos para niños
  www.pequejuegos.com/#

- Lectura bilingüe
  www.rif.org/kids/leer/es/leerhome.htm

- Portar Infantil Clan
  www.rtve.es/infantil/

- Juegos de educación vial
  www.juegovial.com.ar/

- Juegos de Pocoyó
  www.mundopocoyo.com

- Página de la Junta de Castilla y León
  www.educa.jcyl.es/educacyl/cm/infantil

- Educapeques
  www.educapeques.com/maspeques/portal.php

- Departament d'Educació de la Generalitat
  de Catalunya
  www.edu365.cat/jocs/

- PEGI. Clasificación de videojuegos
  www.pegi.info/es/index/

# Índice